文化经济前沿课

金巍　杨涛
—————— 主编

人民日报出版社
北京

图书在版编目（CIP）数据

文化经济前沿课 / 金巍，杨涛主编. -- 北京：
人民日报出版社，2024. 9. -- ISBN 978-7-5115-8384-0

Ⅰ. G05

中国国家版本馆 CIP 数据核字第 2024LL6916 号

书　　名：**文化经济前沿课**
WENHUA JINGJI QIANYANKE

主　　编：金　巍　杨　涛

出 版 人：刘华新
责任编辑：蒋菊平　徐　澜
版式设计：九章文化

出版发行：**人民日报**出版社

社　　址：北京金台西路 2 号
邮政编码：100733
发行热线：（010）65369509　65369527　65369846　65369512
邮购热线：（010）65369530　65363527
编辑热线：（010）65369528
网　　址：www.peopledailypress.com
经　　销：新华书店
印　　刷：大厂回族自治县彩虹印刷有限公司
法律顾问：北京科宇律师事务所　（010）83622312

开　　本：710mm×1000mm　1/16
字　　数：190 千字
印　　张：16.5
版次印次：2024 年 10 月第 1 版　　2024 年 10 月第 1 次印刷

书　　号：ISBN 978-7-5115-8384-0
定　　价：46.00 元

向以下各讲撰稿专家表达诚挚谢意！

（以本书撰文前后为序）

． ． ． ． ． ．

张晓明　中国社会科学院哲学研究所研究员

周正兵　中央财经大学文化与传媒学院教授

王广振　山东大学管理学院教授

丁佳宁　山东大学城市文化研究院教授助理

尹　涛　广州市社会科学院副院长、研究员

李明充　广州市社会科学院文化产业研究中心执行主任

戴俊骋　中央财经大学文化与传媒学院，文化经济研究院副院长、教授

郭万超　北京市社会科学院传媒与舆情研究所所长、书记

马　萱　中国戏曲学院艺术管理与文化交流系教授

刘双舟　中央财经大学文化与传媒学院院长、教授、博士生导师

意　娜　中国社会科学院大学文学院副院长、博士生导师

王　扬　中国新闻出版研究院副编审、工程研发中心副主任

崔志娟　北京国家会计学院教授，数字化审计与风险管理中心主任

付广军　国家税务总局税收科学研究所学术委员会副主任、研究员

金　巍　国家金融与发展实验室文化金融研究中心副主任、特聘研究员

张振鹏　深圳大学文化产业研究院教授、博士生导师

目 录
Contents

第三部分　政策助力文化经济发展

政策虽然常常滞后，但也要紧随实践的脚步。数字文化产业发展快，迭代快，令人应接不暇。这是文化经济的未来产业。向世界借鉴和学习，坚持出台更多的支持政策，未来可期。

　　习近平总书记关于"可以研究一下人文经济学"的重要指示再次将文化与经济的关系研究推向前沿。关于文化与经济的关系，习近平总书记2006年在《浙江日报·之江新语》的一篇短评文章《"文化经济"点亮浙江经济》中有极其简练的总结，他提出："所谓文化经济是对文化经济化和经济文化化的统称，其实质是文化与经济的交融互动、融合发展。"这段话指明了文化与经济融合发展的两个基本路径，也是文化经济学研究的两个基本路径。其中，研究"经济文化化"侧重研究文化在经济发展中的作用，这时，文化是经济发展的动力和要素，经济是发展对象和客体，这与当下人文经济学研究的范畴更为接近；而研究"文化经济化"则是侧重研究文化领域的经济问题，尤其是以经济学方法研究文化生产问题，讨论以经济和产业方式发展文化、推动文化繁荣，文化是发展对象和客体。后者正是我们这本书的视角，也就是关于"文化"的经济视角。

　　我国已经迈入新发展阶段，如何促进文化和经济融合发展，以经济促文化，是我国复兴之路上文化经济研究的重要课题。当人民日报出版社与我们联系合作出版"文化经济"主题图书时，我们决定将"文化经济化"这个路径作为基本视角，面向广大中基层干部、职员和从业者，普及文化经济知识，为发展文化经济作出贡献。

在"文化经济化"这个观察视角上，基于当前文化经济研究的主要方面，我们确定了要关注的三个范畴的内容，即关于文化生产的经济理论分析、文化经济的产业研究以及文化经济政策问题。本书也依此分为了三个部分。最终，我们经过筛选并沟通，邀请了国内十几位文化经济相关领域研究专家就以上三个部分分别设计主题，提供了十二讲内容。

第一部分关注关于文化经济的一些基本命题。从"成本病"开始，文化经济研究形成了一些具有自身特点的基本命题。这些基本命题主要包括如何用经济学范式分析文化生产，如文化产品供求、价格、消费偏好、外部性、投入与产出、市场竞争、就业与劳动者、文化产品与服务贸易等。了解这些基本命题，才能理顺文化经济的基本逻辑，即文化生产的经济逻辑，同时也才能理顺以经济学方法分析文化生产的理论逻辑。文化生产的"文化"是作为人类活动成果的文化，文化生产则表现为文化产品和服务的生产，与之相关的是"文化生产力"问题。文化产品和服务不同于通常经济学意义的产品和服务，文化生产力也不同于物质生产力，其中的特殊性一直是经济学家们试图解释清楚的问题。

中国社会科学院张晓明研究员和中央财经大学周正兵教授在第一讲中详细阐述了文化经济学的对象和范围、研究起点、体系建设等问题，同时就数字文化时代的影响和反思进行了讨论，作为开篇之作，对我们认识文化经济和文化经济学极有帮助。此外，在这一部分，山东大学王广振教授与丁佳宁博士分析了文化经济中的文化资源资本化与文化资本问题，广州市社会科学院副院长尹涛研究员与广州市社会

科学院文化产业研究中心执行主任李明充探讨了产业经济视角下文化
产业发展的内涵特征与现实意义，中央财经大学文化经济研究院副院
长戴俊骋教授就文化经济与地方协同发展问题的意义、路径进行了剖
析并提出了建议。

第二部分关注文化经济的基本经济形态和产业形态及其发展问题。
改革开放以来，我国文化经济发展已经取得了巨大的进步，文化经济
的经济形态和产业形态日益丰富。从经济形态上，我国文化经济又表
现为文化产业经济、艺术经济、创意经济、版权经济等多种形态，这
些形态可看作是文化经济的多侧面映照；在产业层面，文化经济又表
现为文化产业、艺术产业与艺术品市场、创意产业、版权产业等多种
产业形态。世界各国因不同历史背景和社会发展情况而有其自身的特
点，但这些产业形态有较大的共同之处。

进入工业经济时代之后，文化产业成为文化经济最重要的产业形
态。在数字经济时代，文化产业正面临新变革。北京市社会科学院传
媒与舆情研究所郭万超所长与中国戏曲学院马萱教授在解析文化产业
概念、文化产业构成条件等基础上，结合数字经济背景，对文化价值
链的重构与调整进行了阐述。关于艺术的经济研究，可能是文化经济
研究中最典型和古老的话题，国外学者在艺术市场、艺术资助、艺术
经济史等方面都进行了长久深入的研究。"艺术"的范畴很宽泛，如果
把"艺术"的范畴缩小并聚焦在绘画、雕塑、摄影、书法、古董等门
类的"艺术品"上，则观察当代艺术品市场能够帮助我们了解艺术经
济的基本面貌。中央财经大学文化与传媒学院院长刘双舟教授介绍了
艺术产业与艺术品市场的国际国内发展情况。中国社会科学院大学意
娜教授多次参与联合国教科文组织的创意经济相关研究和活动，对这

一领域有很深的认识，她的分析有助于我们深入了解创意经济。版权经济是文化经济的另一面，是以文化生产中的法定权利和这些权利的价值实现为中心的文化经济，英国文化经济学家露丝·陶斯在多年研究之后致力于"在版权经济基础上重构文化经济的理论框架"。中国新闻出版研究院王扬主任曾主持版权经济和版权金融相关课题，在本书中对版权产业和版权经济做了介绍。

第三部分关注文化经济政策。文化经济政策是政府相关部门通过经济手段干预文化产品的创作、生产、流通、传播、消费及其他相关社会生产关系的措施和行为准则。[①]以政策干预文化生产，一种解释是以"市场失灵"为前提，但往往因文化经济具有双重属性而出现更复杂的情况，这在发达国家和发展中国家都是如此。我国是后发的发展中国家，政策在经济和产业发展进程中起到了巨大的推动作用。我国政府非常重视文化经济问题，20世纪90年代就提出以文化经济政策发展文化的路线，一直延续到今天。党的二十大报告指出要"深化文化体制改革，完善文化经济政策"。从文化经济的工具和手段看，可以分为文化财政政策、文化税收政策、文化金融政策、文化贸易政策、文化土地政策等。另外从文化经济的形态看，文化经济政策可以分为文化投资政策、文化消费政策、文化出口政策、文化产业政策等。

在这一部分，北京国家会计学院崔志娟教授、国家税务总局税收科学研究所付广军研究员及国家金融与发展实验室文化金融研究中心金巍副主任分别就文化经济相关的财政、税收及金融政策做了介绍和分析，有助于读者了解当下我国文化经济政策的概况。当然文化经济

---

① 金巍，杨涛主编.文化金融学［M］.北京：北京师范大学出版社，2021：241.

发展还有许多专门领域，政府部门会有针对性地设计专项政策，如数字文化产业发展领域，本书中深圳大学张振鹏教授就数字文化产业政策的全球趋向及中国演进进行了解析。

同时，在编辑本书的过程中，我们认为文化经济观察与研究有些需要特别关注的地方，主要是以下几个方面。

一是文化经济研究的重要性与时代意义。发展文化经济是发展文化的需要，能够助力建设文化强国和提升国家软实力；发展文化经济也是发展经济的需要，能够助力优化国民经济结构、促进社会经济发展。但归根到底，发展文化经济还是发展文化的需要。我国已经提出要在2035年建成文化强国的战略目标，但我们对什么是文化强国的认识可能还并不十分清晰。一个判断是，没有文化经济强国，就没有文化强国。很多人还未意识到文化经济对文化强国建设和国家文化软实力提升意味着什么，幻想仅仅通过财政支撑的公共文化建设和社会科学建设就解决文化强国建设问题是不现实的。

二是"文化经济化"与"经济文化化"路径的区隔与汇合。本书关注了"文化经济化"路径下的文化经济，核心是文化生产（文化产品和服务的生产）的经济问题，这个路径的观察与"经济文化化"的观察路径是有区隔的，研究范式完全不同。因此，研究上将两者混同是不妥当的。但我们不能忽视两者之间的紧密关系，否则将两者统称为文化经济无法逻辑自洽。关于经济发展中的文化作用的研究，可能常陷于空谈，但在文化经济实践层面的汇合之处，我们能够比较清晰地看到文化的力量。例如，消费品工业中的产品文创化与文化赋能同时反映了"文化经济化"与"经济文化化"。如同中国的茶、酒、美食，是传统时代的文化与物质融合，在未来，越来越多的产品是物质产品和文化产品的融合，这是文化经济发展到后工业时代的新趋势。

三是数字化时代经济范式的转换对文化经济研究的影响。信息技术革命已经对文化与经济的融合发展产生极大影响，这种影响在数字经济时代更为明显。文化产品的生产，在区块链、大数据以及人工智能等集群式技术的应用中呈现新的状态，ChatGPT 和 Sora 的出现，使文化生产的未来变得扑朔迷离。与以往的技术革命有所不同，数字技术革命带来文化经济范式变化不止于载体的改变。技术范式的转换也带来研究范式的转换，比如数据要素的加入。当前数据资产入表问题引发关注，于文化经济而言，体现在文化企业的数据资产，尤其是文化数据资产如何评估的问题。文化经济数字化，使数字文化经济成为文化经济发展的主体形态，对新时期文化经济研究提出了新的课题。

四是文化经济研究与中国特色文化经济发展问题。正如本书很多学者的观点一样，文化经济学研究在国外不是显学，我国这方面的研究也还处于较为初级的阶段。在实践方面亦是如此，我国的文化经济还未经历典型的文化经济发展。但也应看到，我国以文化产业发展为代表的一系列经济变迁已经为文化经济研究提供了丰富的土壤。研究文化经济，既要对国际文化经济发展有充分的了解，还要结合中国文化经济发展的实际。随着世界经济竞争格局的变化，以往的参照逐渐失去价值，中国所有关键领域的发展都需要走自己的道路，要发展中国特色文化经济。

对积极参与本次编写工作的各位专家老师表示感谢。特别感谢为本书题写推荐语的中国社会科学院学部委员、国家金融与发展实验室理事长李扬，全国社保基金理事会原副理事长王忠民，中国银行原副行长王永利，文化和旅游部云南大学文化和旅游研究基地首席专家、云南大学文化发展研究院原院长李炎。

　　本书是由北京立言金融与发展研究院和人民日报出版社联合策划推出的，得到了人民日报出版社领导和各位编辑老师的大力支持，尤其要对责任编辑蒋菊平、徐澜表达诚挚的谢意。感谢立言研究院所有参与编写工作的同事，尤其是崔红蕊博士自始至终参与编写工作，安排工作进度，积极协调作者，同时负责文字校对工作，付出了很多心血。

　　文化经济是比较新的领域，由于时间所限，困难较多，书中难免有疏漏和不足之处，请各界同人批评指正。

金巍　杨涛

2024 年 1 月 29 日

第一部分

文化经济化：
文化经济的时代强音

第1讲　新发展阶段的文化经济学

张晓明　周正兵[①]

▌·导读

文化经济学在我国是一个年轻的学科领域。改革开放以来，特别是2000年以来，随着国家文化经济和文化产业发展，文化经济学取得一系列理论成果。这门尚在成长中的新兴理论学科，映射着人民群众文化实践的伟大创造，蕴藏着理论创新的无限潜力，现在正处于发展的黄金时期。本讲试图在认识新发展阶段特点的基础上，梳理我国文化经济学的主要问题，希望对当前文化经济学研究有所裨益。

一、如何理解"新发展阶段"：三个基本判断

世纪之交以来，我国文化产业迅速发展，是文化经济学成长的深厚土壤。为了更好地理解当前文化经济学的研究课题，我们需要对当前文化产业处于"新发展阶段"的基本形势有所认识，于是提出以下3个判断。

[①] 张晓明，中国社会科学院哲学所研究员；周正兵，中央财经大学文化与传媒学院教授。

第一个判断，中国文化产业发展速度从高速到中低速，规模扩张阶段已经结束。

根据"文化蓝皮书"：《中国文化发展研究报告（2017—2020）》分析，2000年以来，中国文化产业的发展总体经历了两个阶段：以2010年为分界，第一个阶段，在文化体制改革的生产力释放作用和文化产业的政策推动作用下，中国文化产业发展实现了"非常规"的高速发展，年增长率达到24%。第二个阶段，文化体制改革的阶段性任务完成，与改革配套出台的政策效应递减，最重要的是，宏观形势因国际金融危机的爆发而改变，于是文化产业的规模扩张期结束，发展速度下降，年增长率降至仅高出国民经济增速5个点左右。中国文化产业进入了常态化发展阶段。

中国的文化产业发展与工业化中后期同步，归根到底是文化产业发展遵循着经济发展的普遍规律，受到宏观经济形势的影响，因此是经济学研究的合理对象。与宏观经济发展规律同理，进入"常态化"发展阶段的中国文化产业，利用工业化中后期大规模城市化有利形势"搭便车"的机会窗口已经关闭，政策推动作用下降，以制度创新启动市场内生动力将上升，基于技术创新的企业与个人创意动力将主导发展方式和发展方向。

第二个判断，中国文化产业拥抱数字化革命，完成了结构转换，整体面貌已经根本改变。

2010年后，国家经济整体进行数字化转型，中国文化产业也出现了重大的结构变化。2019年8月，国务院发展研究中心发布了一项研究成果——《中国数字文化产业发展趋势研究报告》，得出了在克服了现行统计误差后，2017年全国数字文化产业对文化产业增加值占比

34%的结论。报告还指出，中国文化产业的整体面貌已经发生了根本变化，出现了"创意者经济"这一全新形态，向文化经济学研究提出了全新的问题。

也就是说，中国的文化产业在发展速度下降的同时开启了数字化转型，与全球数字化革命同步。因此，今天的文化经济学研究是对数字技术变革中的文化经济发展进行研究。数字文化经济学将进一步推动"范式"变革和体系建设，文化经济学研究领域将迎来一个全新的发展时期。

第三个判断，由于文化数字化转型，文化管理体制改革面临"原始创新"，文化发展在实践和理论两个方面都进入新的机遇期。

二十多年来，文化产业快速发展，文化体制改革发挥了关键性的推动作用。但是2010年后，由于文化产业出现了"数字化变身"，文化体制改革尚未完成就过时了，错过了"窗口期"。数字文化产业发展需要体制机制的原始创新。十八届三中全会报告将文化政策的"第一主题词"从文化产业改为文化市场，这意味着我国文化产业将"回归市场"，而市场是产业创新以及体制机制创新的根本性场域，因此文化产业的"数字化"发展具有了更好的环境。

数字化转型的全球同步意味着体制机制创新的全球同步，中国的文化产业数字化发展的新阶段将极大地有利于文化经济学的研究。

总之，中国是个转型中的国家，缺乏经典的文化经济学经历的历史过程。但是，全球性的数字科技大爆发使得文化产业成为"创新实验室"，对诞生了经典文化经济学的"现代化先行国家"和中国这样的"后发国家"都造成了颠覆性的影响，也给文化经济学研究带来了前所未有的机遇。对于中国而言，今天的形势使得中国的文化经济学呈现出多个角度，可能为理论创新带来更好条件。

本讲试图梳理出当前形势下我国文化经济学研究的几个主要问题，以供学界同人参考。

二、文化经济学的对象与范围：经济学的谈论方式

文化经济学在国际学术领域是一门年轻的学科，在中国的发展时间更是短暂，对于一门新兴学科，厘清研究对象和范围是第一要务。

在梳理近20年来文化经济学相关学术论文时，笔者首先感到的是国内文化经济学在研究对象和研究范围上的模糊，这是我国文化经济学尚处于初创阶段的突出表现。比如，历年来由国家级经济研究机构举办的"文化经济论坛"，主题几乎都是"文化影响经济"的研究，论题包括"文化与市场行为""文化与生活质量""文化与政府善治"等，全部聚焦于文化对中国的经济、社会、政治等各领域的影响。相比较而言，一些对于欧美文化经济学研究的综述，以及近年来对我国文化经济学研究的评估则指出，欧美文化经济学主流是沿着"将主流经济理论应用于文化艺术理论"的"新兴经济学分支"这个方向发展的，而中国的经济学理论界则缺乏研究文化艺术问题的兴趣，且实证化分析模型较少，缺乏数据，研究范式不成熟，等等。

因此，大致上可以说，国际学术界主流看法是文化经济学是经济学理论和方法在文化艺术领域的应用，而国内的理论界往往从"文化对经济活动的影响"这条路径展开对文化经济学的研究。前者聚焦于不同文化行业的专业经济分析，后者则将文化对经济影响的问题研究覆盖了从宏观（如现代化转型）到微观（如企业管理）的几乎所有方面。我们还可以说，前者侧重文化艺术产品的经济学叙述，后者侧重于经

济活动的文化叙述。

笔者的看法是，从严格的学科建设上来说，文化经济学应是一门对于文化艺术的经济学研究的学科。研究"文化对经济的影响"，很难形成严谨的学科建设逻辑。而且，这也不是个新问题。比如说，著名的"韦伯问题"就是这个方向上的热题，而"亚洲价值"是这个问题的衍生话题，也已经谈论了数十年。这种研究往往侧重的是文化分析而不是经济学的分析，游离在经济学研究的外围，不应该作为文化经济学研究的主流。当然，也不应该认为仅仅将文化经济学局限于"主流经济学理论的应用"就足够了，在数字化技术前所未有的发展形势下，文化存在形态以及文化和经济的关系正在发生根本性的变化，必然会推动经济学理论与方法的革命性创新。实际上，在文化产业已经成为发展的"创新实验室"的今天，文化经济学是有可能成为经济社会创新的前沿领域的。

那么，究竟应该如何确定文化经济学的研究领域呢？如果从"文化经济学"这个学科名称的字面上来理解，显然应该是指"具有经济特征，并可以从经济学角度研究的文化行为"，而不是指广义上的对所有"文化现象"的研究。于是我们的问题就是：是否存在一种与经济有关的文化活动的定义呢？回答是肯定的。

在文化经济学研究领域，西方文化经济学家已有大量的研究，隐然已有形成独立学科领域的势头。但是对大多数经济学家而言，文化经济学还是一个边缘学科，只是那些对艺术有特殊兴趣的经济学家的"业余爱好"。甚至是公认的文化经济学理论奠基人，"成本弊病"概念的创立者鲍莫尔，其诺贝尔经济学奖的提名理由也不包括"成本弊病"理论。只有澳大利亚经济学家戴维·思罗斯比（David Throsby）

是一个例外。思罗斯比写出的《经济学与文化》一书，第一个提出了系统的文化经济学理论体系。在这本书中，思罗斯比清晰地给出了文化的双重定义，有助于厘清文化经济学的研究范围。

思罗斯比是一位公认的"训练有素"且"卓有建树"的经济学家，在这本经典的《经济学与文化》中，他指出，尽管文化的定义含混不清，几乎无所不包，但是仍然有可能将其提炼为两个层面：第一层面是"一整套为某一群体所共享的态度、信仰、传统、习俗、价值观和惯例"，可以用来确立"群体的独特身份"；第二层面是"有更多的实用方面的考虑，它表示与人类生活中的智力、道德和艺术方面相关的人类活动与活动成果"，这个定义可以用于某种"给定活动"，如文化产品。[①]

思罗斯比的"双重定义"提出了文化的宽窄两种版本的定义，即认定人群身份的"宽版本"定义，和表示人的活动和成果的"窄版本"定义。这个双重定义更清楚地出现在2009年联合国教科文组织出台的修订版的文化统计框架（以下简称"2009统计框架"）中，作为对于修订版统计框架出台的背景解释。2009统计框架采用了联合国教科文组织2001年出台的《世界文化多样性宣言》中对文化的定义，即"应当把文化看作某一社会或社会群体所具有的一整套独特的精神、物质、智力和情感特征，除了艺术和文学以外，它还包括生活方式、聚居方式、价值体系、传统和信仰"（UNESCO，2001）。该定义与各个社会、群体和社区界定自己的身份的方式有着极其密切的联系。很明显，这与思罗斯比的"宽版本"定义是一致的。2009统计框架还指出，新统计框架的出台，

---

① ［澳］戴维·思罗斯比.王志标等译.经济学与文化.［M］.北京：中国人民大学出版社，2011：3，4.

是由于自 1986 年的统计框架出台后，国际范围内出现了许多重大的变化，比如说经济的发展和国际贸易的增加，还有数字技术的出现及其引起的产业和经济格局的变化。因此，越来越多的人不但把文化看作是发展的方式（即推动和维持经济增长的方式），还把它看作是发展的成果。文化可以通过旅游和手工艺品等形式产生经济效益，它还能推动一个地区或一个国家的可持续发展。文件断言："文化已经成为经济再生产周期中不可或缺的一部分，而不再只是一种奢侈品或者是可有可无的产品。"这个统计框架修订版关于文化作为"发展的成果"的说明与思罗斯比所说的文化也是"活动的成果"的定义是一致的。

该文件特别指出，"新型的文化生产还引出了一个新的文化政策管理领域，它的重点是一种新的次级文化活动，即文化产业，有时候也叫作创意产业"，"文化产业的概念通常用来指文化部门的商业维度"。这个"文化部门的商业维度"显然是从政策角度更清晰地定义了思罗斯比所说的文化的第二层面定义。这个教科文统计框架文件直接地说明了新的统计指标体系出台的历史原因，即传统的宏观意义上的"文化"概念是怎样开始具有了"商业维度"，走向"文化产业"的。也间接地解释了文化活动已经具有了"商业维度"，可以成为经济学的研究对象。

在此，需要进一步做出区分的是，这种作为人的活动成果，也作为人消费和体验的对象的文化还可以分为两种，一种是所谓的"公共文化"，另一种是"私人文化"，这一区分具有政策上的意义。图书馆、博物馆、档案馆等收集、整理和研究过去人类已创造的文化成果并将其作为文化资源的机构，这种机构提供的文化服务无法满足私人进行排他性的消费，因此要依赖公共资金的支持，这方面的经济学研究主要服务于文化政策的制定；一种是所谓"私人文化"，如电影、电视、出版、音乐、演出艺术和视频游戏以及工艺品等，是今天人类正在创造的，可以在文化市场上交易并供私人消费的文化产品和服务，这方面的经济学研究服务于文化投资与消费活动。应该指出的是，文化行业作为"第三产业"，在统计上是不区分这两种性质的，联合国教科文组织统计所的2009年文化统计指标中列出了7个文化领域，包含以上两种文化（分别是：文化和自然遗产、表演和庆祝活动、视觉艺术和手工艺、书籍和报刊、音像和交互媒体、设计和创意服务，以及无形文化遗产等）；我国的国家统计局则列出了六大核心领域，三大相关领域，也包含了两种文化；英国的文化媒体体育部将其列为13个行业门类，也是类似。应该进一步说明的是，非物质文化遗产的保护与利用越来越受到世界各国文化政策的重视，都涉及经济资源的投入，也可以对国家和地区的经济社会的可持续发展起到积极的促进作用，因而越来越被纳入文化经济学的研究领域。

根据以上权威定义，我们可以归结一下文化经济学的研究范围，首先，文化经济学研究具体的人类文化活动和活动的结果；其次，文化经济学研究的人类文化活动和成果是有经济性质的，是"加入经济再生产周期"的，即涉及经济资源的投入和经济收益的获得，因此可以使用经济学方法测算和分析；最后，这种研究为公共文化和文化产业政策制定提供了基础。

三、符号与文本的价值研究：文化经济学的逻辑起点和理论基石

在弄清文化经济学研究范围后，就可以按照某种体系构建的方向

去讨论了。如我们所知，文化经济学在国际范围内还是一个"不成体系"的学术领域，著名的文化经济学家露丝·陶斯就说，这个领域还"缺乏一个主导范式"。因此，我们想追寻国内外有关研究的轨迹，首先要提出构建文化经济学体系的研究起点问题。

关于文化经济学的研究起点问题，一般人会提出：研究文化的经济价值。于是进一步的提问就是：什么是有经济价值的文化，如何才能测算出文化的经济价值？本节试图扼要地用五个判断递进性地回答这个问题。

第一，如上所述，文化经济学不是研究一般意义上的文化，不是作为人类活动方式的文化，而是作为人类活动成果的文化，即文化产品和服务。在思罗斯比的定义中，这不是作为人群身份认定的"大文化"，而是作为人的活动与成果的"小文化"。而在联合国教科文组织的文化统计框架中，是作为"文化部门的商业维度"，这是一种需要耗费经济资源与劳动才能生产的，用以供他人消费的，从而产生经济收益的文化活动和产品。正如上一节所述，这个约定排除了有关文化和经济关系的范围广泛的议题，使文化产品的经济学叙述成为可能。

第二，如果将文化经济学研究对象定义为人类活动的成果，一种狭义的、需要耗费资源生产并通过一定的市场化机制实现消费和获得收益的产品和服务，这种文化商品和服务区别于其他商品的独特之处是什么？或者说我们究竟在消费文化产品的什么东西？这里的问题是，文化产品也进入了现代市场经济的高度专业的分工和交换体系之中，产品形态林林总总，千变万化，那个存在于一切文化产品中，区别于非文化产品的共性的东西是什么呢？文化经济学家的回答是：一切文化活动和产品具有的统一特点是都涉及文化意义的创造、生产、传播和体验，因此具有商业价值的"文化意义"就是文化产品的本质特征。包含创意是文化作为产品区别于其他产品的根本。

第三，这里需要进一步说明的是，意义是抽象的概念，作为可以生产、传播和消费的"意义"必须表现为符号和文本，所谓"创意"就是创造有意义的符号与文本的活动。因此，意义的表现形式是符号与文本，文化产品的意义生产和传播活动也就是符号和文本的生产和传播。赫斯蒙德夫干脆说"所有文化制品皆是文本"[①]。认识承载意义的符号和文本就是文化商品的本质属性，其重要性在于，无论是文字叙述、音乐表演还是绘画艺术都是文本的不同形式，而这些不同形式的文本都具有不同的生产和传播规律，认识这一点关系到我们对整个文化经济学理论体系的理解和构建。

第四，承载意义的符号和文本是文化产品的价值来源。意义在文化商品的价值构成中属于"表现性价值"，而表现性价值与功能性价值共同构成了文化产品的使用价值，这能作为一种经济学分析基础。

这里提到的"表现性价值"和"功能性价值"这一对概念是英国人发明的，2007年，英国文化媒休休育部出台文件《站在前列：英国创意产业的经济表现》，对布莱尔政府1997年提出的《创意产业路径文件》政策以来的效果进行评估，文件一开头就问出"什么是创意产业的共性"这个问题，回答是"纯粹创造性的表现性价值是创意核心"。文件据此指出，分析创意产业的核心逻辑就是分析"表现性价

---

① ［美］大卫·赫斯蒙德夫.张菲娜译.文化产业［M］.北京：中国人民大学出版社，2007：13.

值"和"功能性价值"这一对矛盾。

第五，如何从经济学角度解释"表现性价值"和"功能性价值"？我们知道商品都包含有价值和使用价值，使用价值是商品的自然基础，要对人有用；而价值是商品的社会属性，由一定的劳动量构成，用来交换其他商品中包含的他人的劳动。文化作为一种特殊的商品，其价值构成与普通商品的不同之处在于，使用价值又可以分为"功能性价值"和"表现性价值"。或者换句话说，在物理属性的商品使用价值上，又出现了一种纯粹是人的精神创造物的、以符号和文本来表现的"文化意义"。文化产品不同于传统产品，只有文化符号才对消费者有使用价值，产品的物理形态（即"功能性"的部分）是为承载文化意义的，是为实现意义传播的手段，就像我们买书的目的是消费内容而不是纸张。

认识了符号和文本是文化产品的价值基础，就可以探索文化产品和服务在创造、生产、交换和消费过程中的特殊规律，这就可能打开构建文化经济学理论体系的道路。理解了符号和文本从创意到生产、传播和消费过程的发展规律就理解了文化经济学的基本规律，或者说打开了理解文化经济学"研究范式"的门径（可以将"范式"理解为"典范性的商业模式"）。思罗斯比在他的《经济学与文化》一书中，将"价值理论"作为文化经济学系统分析的起点，他认为，经济学和文化两个领域都将价值作为研究起点，"价值是联结经济学与文化的基石"[1]，应该作为文化经济学理论体系的逻辑开端。

---

① ［澳］戴维·思罗斯比.王志标，张峥嵘译.经济学与文化［M］.北京：中国人民大学出版社，2011：20.

四、文化经济学与进化经济学：两条体系化路径的探索

用"窄版本"的文化概念圈定范围，把可商业化的文本和符号作为核心研究对象，并以"表现性价值"和"功能性价值"作为一对基本价值概念，文化经济学能够建立起一个具有内在逻辑的体系来吗？理论上应该是可以的。著名文化经济学家露丝·陶斯在第三版《文化经济学手册》中谈到，文化经济学使用了微观经济学、宏观经济学、福利经济学、公共选择经济学等经济学理论来解释创意经济的诸多方面问题，"有时，这可能看起来令人困惑，但实际上并非矛盾，理论也不是不可兼容的——它们只是处理不同层面的事情"①。但是，基本的"范式"是什么，露丝·陶斯也没有给出答案，为我们留下了很大的想象空间。

古典经济学一路演化到今天，对文化艺术的关注从未断绝，文化经济学尽管还没有自成体系，但是追踪历史轨迹，应该会有启发。本讲希望在这个历史轨迹上继续前行，提出一个思路，接续"劳动创造价值"这个古典经济学的源头，用艺术家创造文本和符号的活动的特点看文化经济学是否能与经济学的传统衔接。

我们都知道，古典经济学始于亚当·斯密的"劳动价值论"。古典经济学认为，由于艺术家活动是创造思想意义的，是以自身为目的的，就不属于经济活动，即排除于构成商品基础的"劳动价值论"之

---

① ［英］露丝·陶斯，［荷］特利尔赛·那佛雷特.周正兵译.文化经济学手册［M］.北京：首都经济贸易大学出版社，2016：3.

外。在某种意义上我们可以据此理解，为什么经济学家极少研究思想创造的行为，因为他们认为那是一种"外生变量"，不是"生产性"活动。（与此同时，文化学者和艺术家群体也秉持同样的理念，他们强烈地厌恶以经济价值为目的的艺术创作活动，厌恶将文化生产视为产业的一部分。）

文化经济学与传统经济学因此有了根本上的不同。当英国人说创意产业的核心特征是"可商业化的创意思想"的时候，实际上就是将艺术家的创造活动看作文化产品这种新型商品的价值主体，这是由"乐生"（与"谋生"区别）劳动创造的价值为基础的商品，其精神性的、表现性的价值是价值主体，而物质的、功能性价值则是载体和形态。因此，从传统经济学止步的地方——可商业化的思想意义的创造活动这个基点开始，出现了文化经济学的"体系化"的路径，值得我们今天的文化经济学研究者关注，本节只做探讨性的提示，不做详细论证。

回顾二十多年的发展，从艺术家作为"思想商品"的价值创造主体出发，文化经济学的体系化路径大致有两条，一条是为多数人熟知的以思罗斯比为代表的文化经济学体系，另一条是以澳大利亚国立创意产业和创新中心（CCI）哈特利（Hartley）和杰森·波茨（Jason Potts）为代表的"进化经济学"的思路。

前一条文化经济学分析路径的代表作是思罗斯比的《经济学与文化》一书。简单来说，思罗斯比的做法是，先提出一个取代传统经济学"理性经济人"假设的、基于文化价值最大化的艺术家"纯创意模型"，作为有别于传统经济学的文化经济学理论体系出发点。然后，根据生产不同创意产品所需的经济资源的不同提出了一个名为"同心圆"的理论图示：第一圈是核心圈，有音乐、舞蹈、戏剧、文学、视觉艺术、手工艺等。他认为，核心圈包含了"传统意义上的创意艺术"，这里的修饰词"传统意义上"实际上具有"劳动密集型"的特点（按照大卫·考恩的观点，见《商业文化礼赞》第53页）。第二圈是核心圈的扩展（也有人将其称为"相关产业层"），这个圈层的创意内容所占比重低于核心圈，相比较而言更具有"资本密集型"的特点，包括比如说图书杂志出版业、广播电视业、电影业，等等。第三圈涉及更多"本质上不属于文化领域但部分产品含有某种程度文化内容的产业"，思罗斯比列出了旅游业和建筑服务业，根据不同国家的具体发展需要可能覆盖不同的领域（参见思罗斯比《经济学与文化》第6/7章）。赫斯蒙德夫在《文化产业》一书中表达的文化产业同心圆概念图示，与思罗斯比此处处理的概念大同小异（尽管他自己不这样认为）。这个概念图示是目前国际上比较认可的。

这条分析路径实际上是自鲍莫尔提出"成本弊病"概念（1966年）以来经济学家一直遵循的路径。"成本弊病"的实质就是像现场演艺这样的核心文化产业领域，更多地依赖于"手工劳动"，因此无法像其他工业部门那样提高生产率。据此，我们可以在宏观经济视野中将创意产业按照"创意含量"和"技术含量"占比排序，分为从高文化含量—低技术含量的核心产业（往往是高雅文化）到低文化含量—高技术含量的相关产业（往往是流行文化）的序列。两种序列前者更多依赖于艺术家个人的天赋、修养和造诣，往往商业化程度不足；后者更依赖于技术和资本的装备与渲染和传播，往往商业化程度较高。

另一条是以澳大利亚国立创意产业和创新中心（CCI）哈特利（Hartley）和杰森·波茨（Jason Potts）为代表的"进化经济学"的思路。

如果说始于鲍莫尔的文化经济学理论建设到目前为止还没有实现真正的范式创新的话，以"创意产业经济学"为名的进化经济学进路更是晚近的学术发展，理论和观点仍然保持着创新者的"温度"。根据露丝·陶斯主编并出版的《数字创意经济学手册》中波茨教授的一篇介绍性的专论，我们从创意产业经济学区别于思罗斯比代表的文化经济学的特点入手，大体描述一下这条思路的概貌。

（1）研究对象和针对问题不同。创意产业经济学认为，文化经济学主要研究文化中传统"高雅"的部分，如视觉和表演艺术，以及文化遗产保护，这些部分商业化程度不足，因此存在市场失灵，需要公共财政支持，研究目的是解决财政救助问题；创意产业经济学则着眼于"创意"作为一种开放的思想系统对于整个经济系统的创新作用，特别是侧重文化中"流行"的部分，如设计、广告、出版和视频游戏，以及数字媒体领域。这部分行业商业化程度高，研究目的是挖掘发展的潜力和机遇。

（2）因研究对象不同而适用的理论不同。文化经济学关注的文化行业相对传统，属于溢出效应较大的高雅文化的市场失灵问题，要靠来自新古典微观经济学传统的福利经济学，通过政策来解决文化发展存在的问题。创意经济学关注整个经济系统的进化，特别是商业化程度高的部分的进化问题，要继承熊彼得进化经济学（演化经济学）的传统，主要研究创意产业对国家创新体系的贡献，是通过市场来解决文化发展存在的问题。

（3）理论特点不同。文化经济学针对的领域相对集中和静止（类似"成本弊病"所分析的音乐演出，基本上无法通过改变传统生产方式提高生产率），是静态效率研究；创意产业经济学针对的领域比较分散和活跃，是动态效率研究，是挖掘市场内生动力，着眼于经济的整体进步、制度的创新等。

从以上的不同出发，让我们来做一点延伸的理论想象：首先，文化经济学总体上是继承了新古典经济学的传统，那是从一个"前数字时代"延续下来的。而创意产业经济学（用波茨等人的概念）尽管以熊彼特的理论为学说的源头，本质上是一个"数字时代"的文化经济学。其次，在这个数字化的时代，"网络平台"在生态级别上主导了市场环境，从根本上改变了文化活动的技术基础，打破了"高雅文化"和"通俗文化"的界限，从而颠覆了古典经济学的世界，经济学家需要重新解释一切数字和网络条件下的文化艺术活动。最后，最重要的是进入知识经济和信息化时代，文化和科技深度融合，技术创新、业态创新、商业模式创新高度活跃，传统文化经济学面临的问题已经过时了，呼唤"数字文化经济学"时代的来临。

数字化在文化领域引起了什么变化？数字化时代文化经济学面临了什么问题？迄今为止，文化经济学家都提出了什么解决方案？我们需要时刻关注。

五、文本与载体的分离：认识数字时代文化的根本性变革

理解数字时代的文化经济学，首先要认识数字技术给当代文化带来了什么样的革命性变化，否则任何关于"新范式"的探讨都可能是言之无物的，甚至是错误的。当然，这个新的时代还在黎明时刻，数字文化发展还没有呈现出自己的经典模式，因此数字文化理论的"密

纳法的猫头鹰"①还没有到真正起飞的时候，但是身处变革时代会给我们很多"抵近观察"，甚至是"亲身体验"的机会，为思想创新提供难得的温床。

如果对我们所经历过的文化数字化的发展过程做一番历史回顾，那么可以说，在一代人的记忆中，于90年代后期出版的麻省理工学院教授尼葛洛庞帝（Negroponte）的《数字化生存》一书算得上是"第一冲击波"。特别是那个"从原子到比特"的核心判断，曾经给我们以极大的震撼，将其作为跨越"数字化"门槛的启蒙读本应该不过分。贯穿这本书的一个核心思想是："比特，作为'信息的ＤＮＡ'，正迅速取代原子成为人类社会的基本要素"——为我们完成了一种观念上的转变。②

现在回顾《数字化生存》出版以来的发展过程，应该承认"从原子到比特"依然是理解"数字文化时代"本质的一个无法超越的论断。这本书中有一段具体叙述纸质书数字化的说明，比较集中地展示了作者对这一变革的基本思想："在印刷的书籍中，句子、段落、页码、章节按顺序排开，这一顺序由作者决定，同时也由书籍本身的物理序列结构所决定。尽管你可以任意翻阅一本书，你的视线可以随心所欲地停留在书中的任何一部分，但是书籍本身仍然永远受限于物理的三维空间。数字世界的情况却全然不同。信息空间完全不受三维空间的限制，要表达一个构想或一连串想法，可以通过一组多维指针，来进一

---

① "密纳法的猫头鹰"：希腊神话中智慧女神密纳法肩上的猫头鹰，是智慧和理性的体现。猫头鹰的一个特点是在黄昏起飞。黑格尔借这个譬喻说明"哲学的认识方式只是一种反思——意指跟随在事实背后后面的反复思考"。

② 见尼葛洛庞帝《数字化生存》中文版序，海南出版社1996年版。

步引申或辨明。阅读者可以选择激活某一构想的引申部分，也可以完全不予理睬。整个文字结构仿佛一个复杂的分子模型，大块信息可以被重新组合，句子可以扩张，字词则可以当场给出定义。这些连接可以由作者在"出版"著作时自行嵌入，也可以在出版后由读者在以后的时间里陆续完成。①

简单地说，纸质书的演变是"从原子到比特"的范例。纸质书是存在于时空中并附着于物理载体的，其文本和物理载体是不可分的，因此其生产、传播、消费具有"前数字时代"文化的典型特征。数字化的书则是没有时空的，它脱离了三维物理介质，那些字符文本可以随意组合、复制、粘贴、传输、阅读和分享，因此颠覆了传统纸媒的全部特征。我们可以非常确定地认为，"数字化"彻底改变了人类将符号刻画在岩洞中以来的"文化史"，不再将负载文化意义的符号和文本直接"刻印"或"记录"在物理材料上，而是将其建立在"数字化"的技术基础上，"比特"就是这个技术的最小度量单位。

如果说尼葛洛庞帝揭示了从"前数字化"到"数字化"的变化本质，可以称为数字化文化早期研究的"教父"的话，列夫·马诺维奇则可以看作是当前引领全球数字文化研究的先锋。他的《新媒体的语言》被认为是继麦克卢汉后最具启发性的媒体史研究，对于我们关注的符号与文本"数字化"（即文本的"脱物化"）的历史演变过程做了迄今为止最广泛深刻的梳理。

列夫·马诺维奇的核心观点是，20世纪中期计算机的出现，导致

---

① ［美］尼葛洛庞帝.胡泳，范海燕译.数字化生存.［M］.海口：海南出版社，1996：83.

从15世纪谷登堡印刷技术和19世纪以摄影为代表的图形媒体技术以来文化内容的生产、分发和传播模式的全面汇流和"根本性转向"。他认为，这是计算机（即新媒体）与媒体技术两条历史发展轨迹的融合：所谓媒体技术，是指"影像、图像序列、声音和文本可以被储存在照相干板、电影胶片、留声机唱片等各种各样的物质载体上"（即我们通常所理解的"录音"和"录像"），所谓新媒体，"就是将所有现存的媒体转换成了计算机可以识别的数值类数据"。也就是说，"图形、活动影像、声音、形状、空间和文本都变成了可计算的，他们都变成了一组组计算机数据"。[①] 基于这个基本思路，马诺维奇将新媒体区别于旧媒体的特征归结为——数值化呈现、模块化、自动化、多变性和文化跨码性。很显然，马诺维奇解释了我们所关注的"文本脱物化"现象的本质——数字化（数值化），在这个基础上，生成了我们目前在"虚拟空间"中看到的全部场景，构建起了基于"数字孪生"基础上的"元宇宙"。同时，从这些特征中，我们也看到了与法兰克福学派对"文化工业"的批判中截然不同的东西：不是标准化和个性化的对立，而是标准化和个性化的内在统一；不再是"大规模复制"生产模式，而是"大规模定制"的新模式。

　　我们这一代人都对于当年的"换笔"的历史过程记忆犹新，笔者对这段历史有一段颇具象征意义的个人体验。在20世纪80、90年代之交，笔者曾经参与主编出版《外国著名思想家译丛》，在联系新华印刷厂的时候恰逢我国进口第一台当时世界上最先进的德国海德堡四

---

　　① ［俄］列夫·马诺维奇.车琳译.新媒体的语言［M］.贵阳：贵州人民出版社，2020：20.

色印刷机，这种新式印刷机颠覆了传统印刷机的工作模式——全电脑控制和自动分色，无论如何修改均可以实现一键自动重新排版，而旧式印刷机出校样后如果修改必须依赖剪刀糨糊，还会影响印出书籍的美观。

字符可以用计算机随意处理而不必顾虑在纸张上涂改后必须重新誊抄的麻烦，这就是"数字化"给我们的第一个冲击——文本与载体的分离，现在看来，这也是最为根本的一个分水岭。

六、数字时代下对文化经济学的再审视

置身于数字时代，才给我们反思文化经济学的可能，让我们意识到传统经济学的一系列基本问题、基本出发点、基本商业模式等都发生了根本性的变化。

首先，"总问题"变了，经济学从解决"稀缺性"走向了面对"丰裕性"。

追溯经济思想史，迄今为止经济学要解决的总问题就是"稀缺性"，经济学就是一门关于稀缺性的科学。从霍布斯、洛克到斯密和休谟，启蒙思想家形成的经济思想的基本前提是：人和动物是不同的，动物的需求有限，只会被动地适应环境；人的需求是无限的，总是超出自然条件能够满足的界限。因此只有人类社会才有所谓"稀缺性"。为了解决需求的无限性和满足需求的物质资料有限性这个"稀缺性"的矛盾，人才在谋求工业和技术的发展中，更为经济地利用自然，力求以"最小成本"获得"最大收益"。可见，在市场经济基础上不断扩大分工和交换就是亚当·斯密发现的解决稀缺问题的最"经济"的

方式。

在经典经济学传统中最先预见"稀缺性"问题会过时的人是凯恩斯。在大约100年前，凯恩斯在他的《我们后代的经济生活前景》一文中就大胆预测，由于科学和复利的作用，"假定没有重大的战争，也没有重大的人口增长，经济问题在一百年内得到解决，或至少有望得到解决。第二个较多地谈到超越稀缺性的人是加尔布雷斯。他在《丰裕社会》中认为，50年代的美国社会已经进入了"丰裕时代"，稀缺时代形成的"传统智慧"中的悲观主义的"中心地带经济学"应该被抛弃了。最后，真正提出解决超越"稀缺性"问题方案的经济学家是提勃尔·西托夫斯基，他在《无快乐经济学》一书中提出了一种被称为"经济学的心理学转向"的新的研究方略，即关心大众的"幸福感"，用幸福评估物质财富的增长，并用"快乐"代替"舒适"来衡量幸福状况。

以上有关"超越稀缺性"的思想还基于传统经济学，数字时代的"超越稀缺性"是全新的问题。如前所述，数字技术条件下，超越稀缺性是由"从原子到比特"的变化造成的。可以想象，如果符号文本与物理载体分离，变得易于生产、访问、传播、修改和再生产，这将颠覆"高生产成本和低复制成本"这个传统文化产业的"首要特征"，走向"数字化的生产""零成本复制"和"零成本分发"，以及最后的"人人都既是消费者也是生产者"的阶段。这时候在全新的经济规律作用下就会出现符号文本生产过剩的"丰裕"状态。文化经济学家陶斯在《文化经济学手册（第三版）》中收入了皮埃尔·班戈齐的文章，指出"数字技术带来的广泛互联，反映了向丰裕经济的根本转变，并深刻地改变了文化领域的经济机制"。他举出了几个基本现象："丰裕的首要原因是'超供'世界的出现，类似地，对消费者来说，这是'超选择'的世界。"他明确地将这些现象的出现归因于信息和内容的"去物质化"，并指出这是一种几乎具有无限可能"来连接、存储和提供"信息和内容的数字文化经济结构。在这个结构下，"交流的倍增，参与者的海量贡献，现有作品的组合随时间推移的累积丰富性，以及价值形式的多样性，所有这些在内容和服务扩散即可用性的规模方面发生了彻底的变化"①。

麦克卢汉和鲍德里亚都指出过"内爆"的概念，是指在数字技术条件下由于意义符号脱离了物理时空而出现爆炸式发展的现象。因此，我们认为，数字技术给文化经济学带来的首先是"总问题"的变化：从物质经济稀缺性到信息经济（知识或符号经济）丰裕性。

其次，零边际成本下商业模式创新和产用模式创新。

在杰里米·里夫金看来，边际成本变化将给整个社会带来革命性的影响：其一，当边际成本接近于零，就意味着传统的商业模式不再有效，因此，生产领域会出现新的商业模式；其二，网络平台将替代市场，网络上大量的消费者演变为产消者，人们免费交流信息、视频、音乐与知识等。②就此而言，数字技术革命性影响主要发生在两个领域，生产角度的商业模式创新和消费角度的产用模式革新。

如前所述，数字化造成文本"脱物化"，于是边际成本不断降低，原有的商业模式面临崩溃。因为成本接近于零，导致市场从"稀缺"

---

① ［英］露丝·陶斯，［荷］特利尔赛·那佛雷特.周正兵译.文化经济学手册［M］.北京：首都经济贸易大学出版社，2016：104.

② ［美］杰里米·里夫金.赛迪研究院专家组译.零边际成本社会［M］.北京：中信出版社，2017.

转向"丰裕",使得生产者很难找到客户,而消费者也很难在海量产品中做出选择,必须依赖于自动选择和推荐工具,以及商业模式的创新。例如,我们所使用的大多数平台产品,如微信、淘宝等,由于其网络效应导致成本极低,消费者对此也心知肚明,所以这些平台很难将消费者视为客户,然后使其价值货币化。它们必须开发新的软件,找到新的商业模式,识别谁是客户、有什么需求、如何提供满意的服务等,然后将其价值充分货币化。

《文化经济学手册(第三版)》中收入的皮埃尔·班戈齐的《商业模式》一文,有个观点值得思考,他认为前数字时代商业模式比较单一,而进入数字时代后商业模式"激增",他认为这种"激增"是数字技术导致的变化还没有稳定下来造成的,因此商业模式激增相当于增加了"试错机制",因此,数字技术条件下,文化产业是商业模式的"创新实验室"。①

当然,作为消费者,我们对数字技术所导致产用模式革新的认知就要深刻得多。我们也许都还记得《时代周刊》将2006年度人物颁给"你"时,这也许让所有的"你"都大跌眼镜,但是,"你"无法否认的事实是"'你'控制了信息时代,欢迎进入'你'世界"(*Time Magazine*,16 December 2006)。在这数字场景之中,生产者、消费者,或者托夫勒所创制的产消者(prosumer)也面临重写的任务。我们知道,托夫勒在《第三次浪潮》中将产消者描述为专业的消费者,其行为本质是在于使用的生产,它不仅具有重要的经济意义,也有重要的

---

① ［英］露丝·陶斯,［荷］特利尔赛·那佛雷特.周正兵译.文化经济学手册［M］.北京:首都经济贸易大学出版社,2022(02):104-105.

社会意义:"这种目的在于使用的生产,看来可能具有较大的经济意义。而当它开始占去我们更多时间和精力的时候,它也开始在塑造人们的生活和浇铸我们的社会性格。"①而在数字经济条件下,托夫勒所描述的产消者显然已经落后了,如今的产用者作为一个生产性用户,在内容创建方面变得积极主动,完全取代了生产者,或者至少在平等的基础上与生产者合作。所以,澳大利亚数字媒体学者阿克塞尔·布伦斯(Axel Bruns),他在融合 producer 和 user 的基础上,创制了产用者(produser)概念来精确描述数字时代的产用模式。②例如,在微信模式当中,所有消费者都是产用者。人们不仅每天花4个小时消费内容,更是其重要的生产者,人们每天为微信提供6.7亿张照片和1亿条短视频。因此,微信作为平台并不生产内容,而只是提供社交工具,让所有用户在产用两端自娱自乐。

再次,平台经济:新的市场组织者。

在教科文组织的政策文件中,"平台"已经成为数字和网络时代的"市场组织者",因此也是网络时代文化经济学研究的主要对象。

关于什么是平台,杰奥夫雷·G.帕克等所著《平台革命》一书给出了最为简洁的定义:"管道 vs 平台"(pipeline vs Platform)。《平台革命》的核心观点是,传统商业模式像管道一样工作,新商业模式像平台一样工作。过去,大型企业类似于"管道",资源在管道中流动并增加价值,最终输送给消费者,管道也就是"线性价值链"。但正

---

① [美]阿尔温·托夫勒.朱志焱,潘琪,张焱译.第三次浪潮[M].北京:生活·读书·新知三联出版社,1983:452.

② Axel Bruns. Produsage: Towards a Broader Framework for User-Led Content Creation [J]. Knowledge Management, Vol. 6, Issue 8, 2007: 99-106.

如我们看到的，世界上最大的公司都是互联网平台公司，如最典型的出版业，原来的出版产业链条像一个管道，书稿从管道一边进入，而图书从另一端出来。现在的出版业已经为平台公司所取代，平台连接了生产者和消费者，让作者群和读者群都在同一个互联网平台上直接交互。①

平台现象早已有之，报纸就是较早的平台，它有着读者和广告商双边市场，但是互联网时代却是一个"无处不平台"的时代。从一个消费者的角度，我们可以毫不夸张地说，"无平台不消费"；而对于生产者而言，虽然无法夸口"无平台不生产"，但是，文化生产与发行的诸多内容都有了平台的参与，市场环境已经完全变了。到目前为止，学术界基本将平台概括为两种类型，即多边平台与转售平台：前者如Youtube和快手，平台通过提供便利条件促进用户之间的互动，降低交易成本；后者如Netflix和腾讯视频，平台通过采购海量（有时也制作）内容，并将其转售给用户，能够节约用户的搜索成本。

平台的关键特征就是网络效应，其作用方式可分为直接与间接两类：直接网络效应是指多边的一边的用户，会由于用户数量的增加而受益；间接网络效应是指多边的一边的用户，会由于另外一边参与者数量的增加而受益。前者如快手，用户越多，其上传的视频就越多，所受到的关注也就越多，每一个注册用户都会因此受益；后者则如腾讯视频，其所聚合的来自内容提供商的作品越丰富，消费者就越是能够通过订阅服务，降低交易成本，并因此获益。

---

① ［美］杰奥夫雷·G.帕克，马歇尔·W.范·埃尔斯泰恩，桑基特·保罗·邱达利.志鹏译.平台革命［M］.北京：机械工业出版社，2019（06）：9.

基于平台的特点，我们就能理解并解释平台的商业模式和融资行为。比如说定价策略，我们就能解释它是如何采用价格歧视，将多边中的哪个边定义为"亏损领先"（loss-leading），将价格设定低于边际成本（甚至免费），以吸引足够的用户，并在另一边将这些资源货币化。正是基于网络效应，数字文化产业的发展越来越呈现平台化态势，占据优势地位的平台在各自的领域中均处于垄断地位，数字文化市场是一个企业组织形态两极分化的世界，无处不在新型平台的庞大阴影之下。

最后，新型治理：审慎监管与"科技向善"。

新兴数字文化产业的迅猛发展，特别是平台经济的强势崛起，给政府治理带来全新的挑战：市场环境革命性地改变了，旧的管理对象消失了，政府不得不对治理体系进行"原始创新"。

新型治理体系的核心是将监管硬约束和伦理软约束结合起来。值得提出的是，当前最重要的问题是克服认知困境。首先，要认识到，迄今为止传统经济学研究落后于数字化的实际进程，提不出具有足够解释力的"新范式"。文化经济学家安迪·普拉特（Pratt，A.C.）对此有着精练的概括，"实证和规范经济学所预设的对象和程序，对于创意经济而言，要么已经消逝，要么正在减少或转变"。例如，"企业"不再是传统边界清晰的组织，而演变为"系列项目的组织者"，流动性与不确定性成为"企业"的基因；就业也不再是工业化企业的长期雇佣性关系，而是临时性的自我雇佣；创意产业的需求原本就子虚乌有，供需平衡的观点就面临挑战，如此等等。[①]其次，还要看到，一些已

---

① Pratt A C .S. Cameron（ed.）. A research agenda for cultural economics：Edward Elgar，Cheltenham，2019. Journal of Cultural Economics，2020，44（1）：185-187.

经提出的新研究方法——如杰森·波兹（Jason Potts）所倡导进化经济学方法——强调经济增长不是资源的积累，而是企业家精神及其创造性破坏的推动作用，认为这种创造性破坏活动本质是自组织而"涌现"的现象，它会从无序走向有序，从低级走向高级，外部强行的规制无法取代其自组织功能，甚至会扭曲生态的规则，影响生态体系的自组织演化。这种方法实际上是要求政府"退后一步"，在搞清楚状况之前不要急于出手解决问题，留出充分的发展空间，使数字经济的进一步发展解决当前数字经济存在的问题。因此总体来看，现在的问题不是要加强监管，而是要适当约束政府管理机构在传统思维支配下的盲目监管冲动。

几年前，曾经有过平台公司是否涉嫌垄断的争论，经过争论形成的认识是，根据可竞争理论，垄断并非天然与竞争对立，只要市场进入自由且进入成本不高，那么，这个市场就是可竞争的，垄断企业的行为也会因潜在进入者的存在而受到约束，其市场效率与竞争性市场并无二致。这是一个经典的案例，说明由于数字文化产业的涌现特征和认知困境，特别需要我们采取"审慎监管"的态度，以新型的"治理思维"小心培育新的市场竞争规则，不要随意挥舞反垄断的大棒，而是要关注市场进入的难易程度、消费者的福利水平，要对那些设置市场进入障碍、危害消费者福利的行为进行监管与制裁，保持市场的可竞争性。

生态治理可能是一种比较好的思路。哈特利对此的建议颇为中肯，"政策需要从'机械'方法（专业实验室的工程创新）转向'概率'方法（全部人口规模的随机变化，并通过社群和知识领域的制度化'搜索'功能予以加速），整个经济和文化的每个人都是参与者，是系统整体生产力的一部分。政策设置需要从中央控制、'挑选赢家'和对企业的大量投资，转向分布式控制（自组织系统）、尝试、容错和实验，以及对人口的投资（教育、连接、培育协会）"①。

最后，必须认识到的是，在当前这个数字文化经济发展的早期阶段，特别需要强调伦理关注、伦理意识。前几年腾讯提出的"科技向善"的理念受到业界一致肯定，说明我国数字文化经济的发展已经开始伴随现代治理体系的孕育了，这个体系由法律法规的"硬约束"和伦理道德的"软约束"共同构成。如前所述，数字文化产业具有自组织特征，相关行动者无法仅仅依靠外来指令（如行政命令）行动，而是按照相互默契的某种规则，各尽其责而又相互协作形成有序结构，就此种带有自组织特征的自我成长性经济系统而言，形成稳定规范的前提往往需要大量的伦理讨论。因此，完善平台公司的"科技向善"体系，就要从科技开发到企业经营管理方面都建立起以人为本的管理规范和行为准则。例如，技术开发协议注意保护用户隐私，不能利用人性的弱点过度索取商业利益；平台与创意者所签订的协议不能利用平台的优势地位侵占创意者的权利，要体现合作共赢的宗旨；等等。

本讲结束前，我们希望留下一个开放性的问题：平台究竟是什么性质的机构？

国内外法学界关于互联网平台"公共承运人"（common carrier）性质的讨论正在进行中，似乎指向了一个正确的方向。公共承运人是一个从15世纪在英国最早出现的有关公共设施运营的法律概念，当代

---

① John Hartley, Wen Wen and Henry Siling Li. Creative Economy and Culture: Challenges, Changes and Futures for Creative Industries, Sage Publications, 2015: 212.

法学家注意到互联网企业在很多方面具有公共承运人的特征，因而开展了公共承运人概念在互联网治理中的作用的探讨。从讨论情况看，由于平台普遍都是多边市场，不仅涉及多方行动者，而且面临诸多不同且冲突的价值诉求——如结果价值层面的商业价值与公共价值，程序价值层面的集权与民主等，这些冲突需要相关制度予以权衡。按照《民法典》的规定，平台属于营利法人，可是它们实质上承担不少非营利法人甚至特别法人的公共职责，现有营利法人相关法律显然无法就此提供相应的制度约束，显然，我们也无法变更其营利法人的基本定位。基于此，我们需要借鉴公共承运人制度实施的历史经验，鼓励大型平台承担更多的市场管理职责与权限，如加强平台之间的互联互通、更加公平地对待各类市场主体，以及将相关做法制度化等，相信只有这样才能更大程度上挖掘和发挥互联网平台的潜力，推动经济社会良性和可持续发展。

第2讲　文化经济中的文化资源资本化与文化资本

王广振　丁佳宁[①]

导读

文化资源对于文化产业的发展具有极其重要的意义，是文化产业发展的基础、前提和来源，而文化资本是文化资源实现产业化、市场化的结果和价值体现，二者互为因果，而文化产业的资本化过程又构成了文化产业形成的基础，三者密不可分，互相影响。

一、文化经济：从概念到实践

（一）文化经济的含义

20世纪70年代后期，苏联和东欧学者首先提出了"文化经济"理论，随后，美国、德国等西方学者先后就这一理论进行了一系列研究。21世纪以来，国外对"文化经济"的研究形成了边界清晰的两种学科方向：以文化艺术产业、文化商品和文化市场为研究对象的"狭义文

---

① 王广振，山东大学管理学院教授，山东大学城市文化研究院副院长，山东大学文化产业研究院副院长；丁佳宁，山东大学管理学院研究生，山东大学城市文化研究院教授助理。

化经济学"和以文化与经济发展之间的关系为研究对象的"广义文化经济学"。①

20世纪80年代后期,"文化经济"一词传入我国,1991年,国务院在批转《文化部关于文化事业若干经济政策意见的报告》中正式提出"文化经济"概念。②此后随着经济发展和社会进步,特别是十六大召开以后,越来越多的国内学者对"文化经济"理论进行了研究和探讨。不过关于"文化经济"的概念和内涵,学术界至今没有形成统一意见,学者们从不同角度解读"文化经济"。如陈赞晓(2007)从文化资本角度阐述,指出:"文化经济与物质经济相对而言,文化与经济相结合即为文化经济。它有两种表现形态,可称为广义文化经济和狭义文化经济。广义文化经济是指文化与经济密切结合,相互融合,文化中有经济,经济中有文化,既有'文化经济化',也有'经济文化化'。狭义文化经济是指以文化资本为主导的经济形态。"③孔建华(2008)从国民经济角度考量,认为:文化经济有两种理解,"一种是指文化的经济属性,实际上指的是基于国民经济统计的文化及相关行业分类的文化事业和文化产业;一种是指国民经济中产生一种新的经济类型,即具有知识经济特征的文化含量较高的现代服务业"④。吴琼(2014)则从经济形态着手,指出:"文化经济是人类社会发展到高级阶段的产物,是人类在物质生活需要满足之后,以精神生产为出发点,

① 梁碧波.文化经济学:两种不同的演进路径[J].学术交流,2010(6):74-78.
② 张来春.文化经济:国内研究现状问题与展望——基于CNKI(1991—2007)文献的分析[J].学习与探索,2008(5):148-151.
③ 陈赞晓.关于文化经济理论渊源及其发展的驱动力原理探析[J].理论界,2007(8):6-10.
④ 孔建华.十年来北京文化经济政策的演变[J].新视野,2008(4):46-49.

以文化产业为表现形态，创造生产文化产品和提供文化服务的一种新型经济。文化经济涵括文化事业、文化产业、文化消费，呈现出文化经济化、经济文化化的文化与经济相互交融的情形。"[①]

本书综合各种观点分析，当前学者们对"文化经济"内涵的争论主要集中于一点，即文化经济是否包含文化产业和文化事业的问题。本书认为"文化经济"概念有广义和狭义之分，狭义的文化经济仅指以获取经济利益为首要目的的文化产业，然而将文化产业与以满足公共文化需求为目的的文化事业截然分开的观点存在很大的局限性。基于成本和效率的考量，文化事业需要借助文化产业的生产和传播体系，也需要借鉴文化产业的组织模式和管理方法，未来社会的文化事业必然是与文化产业紧密融合的。因此，文化经济在广义上也应包括文化事业。

（二）文化经济参与主体

我国文化经济的参与主体主要包括文化企业、文化单位和政府。不同主体要素发挥着不同作用。

一是文化企业。文化企业是文化产业的微观主体，是现阶段我国文化经济的最直观表现形态之一。文化企业是自主经营、自负盈亏、以获取经济利润为导向的经营实体，一般可分为两类：一类是"完全文化企业"，即生产文化产品、提供文化服务的企业；另一类是"不完全文化企业"，这部分企业以文化资本进行投资，最终提供物质产品，但其物质产品中不可避免地携带明显的文化因素。无论是哪类企业，为充分实现经营目的，都应该充分认识文化经济的价值，努力实现企

---

① 吴琼.文化经济视域下文化资源资本融合的实践路径 [J].求实，2014（5）：52-57.

业内、外部文化经济化和经济文化化，打造文化品牌，增强竞争力。

二是文化单位。在我国现有体制下，文化经济的参与主体必然包含文化单位。我国现有文化单位，包括政府的、集体的、民间的多元化文化单位，如今这些单位已经参与了文化产业的生产经营和文化服务的提供，承担着"以文育人"和"以文娱人"的双重任务。[①]发展文化事业，除了能够向社会提供公共文化服务外，还能起到创造、积累文化资源的作用，形成社会群体稳定的价值观念，进而为文化产业的发展创造条件。在深化文化体制改革进程中，我国部分国有文化事业单位转企改制，积极开展文化经营，成为文化经济的重要组成部分。

三是政府。作为"看得见的手"，政府在文化经济发展中起到十分重要的作用，文化企业和文化单位的经营行为皆受到政府宏观调控的约束。随着经济发展和社会进步，政府应当适时转变职能，由文化经济发展的"主导者"变为"服务者"，挣脱过分行政化的束缚，将工作重心放到为文化产业发展营造良好的制度、法律环境上。

综上，发展文化经济，要在政府宏观管理下，以市场为导向，正确处理文化产业与文化事业、文化企业与文化单位之间的关系，大力推动文化产业化和经济文化化，满足人民群众日益增长的文化需求，增强我国的文化经济核心竞争力。

（三）文化经济运行

从运行过程看，文化经济可以划分为文化投资、文化生产—传播

---

① 陈赞晓.论当代中国发展文化经济的"五个关系"［J］.韶关学院学报，2007（8）：98-101.

和文化消费三个部分。其中文化投资是用货币购买资本的过程，是整个文化经济体系有效运行的前提，没有文化投资就不可能有后续的文化生产—传播和文化消费；文化生产—传播则是消费资本的过程，是利用资本将文化资源转化为文化产品并分配给消费者的过程，本讲中的文化资源资本化的过程便与此相关；文化消费则是整个文化经济的目的所在，是收回垫付资金并实现价值增值的过程，在此过程中，投资者和生产者将得到资金和品牌价值，这是文化产品再生产的基础，而消费者则得到了意义和快感等文化价值，完成了人的再生产。

二、文化资本与文化资源

（一）文化资本

1.文化资本的定义

资本最初是纯粹的经济学概念。在古典经济学中，资本指以货币为表现形式的价值凝结物。马克思发展了资本理论，构建了完整的资本理论体系，他指出资本"不仅包括生活资料、劳动工具和原料，不仅包括物质产品，并且还包括交换价值"[①]。不过马克思对资本的研究仍然主要集中在物质资本领域，而且马克思认为资本包含阶级属性和社会属性。19世纪晚期，英国经济学家阿尔弗雷德·马歇尔（Alfred Marshall）和美国的欧文·费雪（Irving Fisher）提出财富资本论，否定了资本的历史性和社会性，认为在一定程度上财富即资本。[②]随后

---

① 马克思恩格斯选集（第1卷）[M].北京：北京人民出版社，1972：363.
② 崔友平.资本理论述评及启示 [J].当代经济研究，2000（8）：33-39.

又有"非生产要素论""时间资本论""人力资本论"等观点陆续提出，扩展了资本的内涵和外延。21世纪以来，随着市场经济的发展，在理论和实践中人们普遍认为资本不仅仅限于物质资本，也包含精神资本；无论是物质资本还是精神资本，其根本目的都在于实现资本增值。

文化资本是资本的一种形式，这一概念最初来源于社会学。法国著名社会学家皮埃尔·布迪厄（Pierre Bourdieu）于1986年在《资本的形式》（The Form of Capital）一文中将资本分为经济资本、社会资本和文化资本（cultural capital）三种形式，首次完整提出了"文化资本"理论。他认为，经济资本指的是经济学意义上的资本形式，即可以直接兑换成货币的资本形式；社会资本是指当一个人拥有某种持久性的关系网络时，这个由相互熟悉的人组成的关系网络就意味着他实际或潜在所拥有的资源；文化资本指的是借助不同的教育行动传递的文化产品，文化资本又包含具体化的文化资本、客观化的文化资本和体制化的文化资本三种形式。[①]此后，美国社会学家科尔曼（James S. Coleman）在对文化因素的作用进行详尽分析后指出："文化因素对于如何有效地转化劳动、资本、自然这些物质资源以服务于人类的需求和欲望具有重要影响，可以将文化因素看作文化资本或社会资本（social capital）。"[②]

显然，上述"文化资本"是在文化社会学范畴中论述的，随着时代发展和认识深化，人们逐渐将"文化资本"引入经济学范畴中。1999年，澳大利亚经济学教授戴维·思罗斯比（David Throsby）正式

---

① 滕国宁，李珍连.布迪厄文化资本理论之我见［J］.中外企业家，2011（22）：210–211.

② 陈赞晓.论文化资本及其营造［J］.学术研究，2007（5）：57–63.

将文化资本的概念确定为经济学框架内除实物资本、人力资本与自然
资本之外的第四种资本，与经济学中的资本概念并列。[①]思罗斯比指出：
文化资本是以财富的形式具体表现出来的文化价值积累，这种积累可
能会引起物品和服务不断流动，形成了本身具有文化价值和经济价值
的商品；文化资本的存在形式或是有形的或是无形的。[②]在此后的研
究中，西方学者们普遍认为文化资本具有经济学意义，并且是经济增
长的重要因素。

我国一批学者也遵循这一共识，从经济学角度对文化资本理论进
行探讨和补充。皇甫晓涛（2006）借鉴并引申了布迪厄的观点，提出
了文化资本的五种形态：科技资本、人力资本、虚拟资本、产业资本
和战略资本。[③]李祝平、宋德勇（2007）提出："文化资本是以财富的
形式表现出来的文化价值的积累，这种积累引起了物品和服务的不断
流动，与此同时，也形成了本身具有文化价值和经济价值的商品。有
形的文化资本的积累存在于被赋予了文化意义的建筑、遗址、艺术品
和诸如油画、雕塑及其他以私人物品形式而存在的人工制品之中；无
形的文化资本包括一系列与既定人群相符的思想、实践、信念、传统
和价值。"[④]王云、龙志和（2009）则认为："文化资本是文化价值积累
而成的能够带来收益的财富存量，具有文化价值和经济价值双重属性，

---

① 刘丽娟.文化资本运营与文化产业发展研究［D］.吉林大学，2013.

② ［澳］戴维·思罗斯比.潘飞编译.什么是文化资本［J］.马克思主义与现实（双月刊），2004（1）：50–55.

③ 皇甫晓涛.文化产业的资本形态与创新体系——非物质经济与文化生产力研究导论［A］.中国文化产业评论（第四卷）［C］.叶取源等主编.上海：上海人民出版社，2006：100–117.

④ 李祝平，宋德勇.论文化资本投资与经济增长关系［J］.求索，2007（4）：74–75.

其经济价值主要取决于文化价值含量；文化资本具有资本的共性，即以增值为根本目的；文化资本表现为物质化、产品化和身体化三种形态。"[1] 林子赛（2012）则认为："文化资本是任何与文化及文化活动有关的有形及无形资产。"[2]

综上所述，文化资本具有经济价值和文化价值双重属性，文化资本的内涵和作用大致体现在两个方面：一是通过投入有形或无形的文化资本直接生产出具有经济价值和社会价值的文化产品和服务；二是在生产、再生产过程中融入创意、智力等因素，使生产出的物质产品带有广义的文化附加值。

2.文化资本的特征

文化资本作为一种广义资本，具有一般资本的共性；但文化资本又属于精神性资本，因此具有自身文化特性。

文化资本的资本共性。一是增值性。文化资本以增值为根本目的，文化资本运动是为了获取经济或非经济回报。二是运动性。资本增值只有在资本运动中才能实现，文化资本亦如此。作家写一本小说，如果只是放在家中自我欣赏，就无法创造新的价值，而只有将小说投入市场进行流通，才能实现增值。三是独立性。在资本运动过程中，不同资本之间既相互联系又相互区分，各自发挥其独特作用。[3] 例如，在文化企业项目运作中，文化资本与货币资本、实物资本既各司其

---

①　王云，龙志和.产业价值链视角下的文化资本特征与经营模式［J］.经济地理，2009（12）：2028-2033.

②　林子赛.霸权与抵抗——文化资本的扩张和民族文化的自觉［J］.理论界，2012（8）：116-118.

③　王云，龙志和.产业价值链视角下的文化资本特征与经营模式［J］.经济地理，2009（12）：2028-2033.

职又共同发挥着投、融资的作用。此外，与一般资本一样，文化资本也具有价值性、风险性、扩张性、竞争性等其他特征。

文化资本的文化特性。文化资本往往具有一定的物质载体，通过物质载体将内化于其中的文化价值释放出来，并在释放、利用的过程中实现价值观体系的积累和扩展。文化资本具有自身文化特性。一是文化性。这是文化资本与其他资本最本质的区别。正如烧制瓷器的泥土并不值钱，但是融入历史价值、学术价值、审美价值后的古代瓷器则价值连城。在现代市场经济中，品牌价值或许是文化资本文化性的最好注解。二是创新性。有些文化资本的价值并不是显而易见的，需要通过创新性技术或手段将其价值释放出来，并最终表现为文化产品或服务。例如，"花木兰代父从军"的故事存在于我国古代文献记载中，美国迪士尼公司通过对故事情节的现代化编排将其改编成动画电影作品搬上银幕，由此获得巨大的投资回报。三是共享性。文化资本经济价值的根源在于无形的文化价值，人们可以共享无形的文化价值，而不损害其有形的文化载体。① 书法、绘画、雕塑、音乐CD等文化作品莫不如此。四是反复利用性。文化资本中的文化价值不会在一次生产投入和资本循环中消耗殆尽，而是会不断地扩大原有价值，并可以无限地、反复地投入社会再生产中。换句话说，文化资本的积累是一个动态的历史过程，文化资本投资和积累的实质是价值观体系的不断扩展。②

----

① 王云，龙志和.产业价值链视角下的文化资本特征与经营模式［J］.经济地理，2009（12）：2028-2033.

② 高波，张志鹏.文化资本：经济增长源泉的一种解释［J］.南京大学报（哲学·人文科学·社会科学版），2004（5）：102-112.

（二）文化资源

1.文化资源的定义

文化资源对于文化产业的发展具有极其重要的意义，文化资源是文化产业生产过程中文化形态演变的第一环，是创意的基础。国内学术界对文化资源的内涵和外延进行了多方位的研究。

程恩富（1993）认为，文化资源是人们从事文化生产或文化活动所利用的各种资源总和；[①]吴圣刚（2002）认为，文化资源包含民族文化传统和民族精神、科学和教育发展水平、文化事业和文化产业、体制建设和民主法治建设、信息技术等多方面的内容，"在这诸多内容中，以社会价值观为核心的民族精神、人文精神和科学精神是最重要的文化资源"[②]；郭惠英、米子川（2004）等将文化资源定义为"凝结了人类无差别劳动成果的精华和丰富思维活动的物质和精神的产品或者活动"，并指出，"广义的文化资源是难以给出具体的界定的，一般地，只要体现人类追求和满足人类精神需求的产品或活动，均应划入文化资源的范畴。……我们把文化资源区分为可度量的文化资源和不可度量的文化资源两类"[③]；施惟达（2005）认为，文化资源可分为"遗存资源、产品资源、制度资源、观念资源、习俗资源、人力资源

---

① 程恩富.文化经济学［M］.北京：中国经济出版社，1993.转引自《文化资源的特征及其开发利用》，人民网，参见：http://media.people.com.cn/GB/137684/9988829.html，2009年9月4日。

② 吴圣刚.文化资源及其特征［J］.河南师范大学学报（哲学社会科学版），2002（4）：11–12.

③ 郭惠英，米子川.山西省文化资源评估指标体系及评估研究方法研究［A］.评价文化——文化资源评估与文化产业评价研究［C］.太原：山西教育出版社，2004：7–8.

等"，并指出"广义的文化资源也就如广义的文化一样，是一个无所不包的概念；而我们所指的文化，主要是与政治、经济相区别的概念，因此文化资源也就是与政治资源和经济资源相区别的概念"；①刘吉发（2005）认为，"所谓文化资源，一般是指前人所创造积累的文化遗产库和今人所创造的文化信息的总和……由两部分组成，一部分是千百年来人类所积累的文化财富，一部分是当今的文化信息，这些是构成文化产业中所有文化产品价值的要素，也是文化产品生产、销售的本质所在"，可将文化资源分为四种形态：符号化意义的文化资源、经验型的技能文化资源、垄断性的旅游文化资源和创新型的智能文化资源；②李沛新（2006）认为，"文化资源是人们从事文化生产或文化活动所利用或可资利用的各种资源……包括自然资源和社会资源，其中，社会资源是文化资源的主体部分，文化内容的生产主要源自社会资源的开发和利用，自然资源通常作为文化生产的条件而存在，其重要性远不及社会资源"；③吕庆华（2009）认为，"文化资源是人类劳动创造的物质成果及其转化。按历时性标准，文化资源可以分为文化历史资源和文化现实资源，文化历史资源按是否有实物形态又可分为有形文化历史资源和无形文化历史资源，其典型代表是文化遗产；文化现实资源按物质成果转化的智能含量，又可分为文化（现实）智能资源和文化（现实）非智能资源，文化（现实）智能资源的核心要素是知识

---

① 胡惠林主编.文化产业概论［M］.昆明：云南大学出版社，2005：170.

② 刘吉发，岳红记，陈怀平.文化产业学［M］.北京：经济管理出版社，2005：84-85.

③ 李沛新.文化资本论：关于文化资本运营的理论与实务研究［D］.中央民族大学，2006.

和智力"[①]。

综合以上研究成果，为了避免泛化、空洞和混乱，应该注意以下几个关键点。

区分文化（culture）与文化性（cultural）。文化资源的基本性质是"文化性"，而其文化性可能表现在两个方面：一方面，资源本身具有文化性，是人类的文化产物，像各种物质文化遗产、非物质文化遗产等属于此类；另一方面，资源本身不具有文化性，但是能够满足人的文化需求，像自然遗产本身并非人类的产物，但是由于其可以满足人们的审美、求知等需求，因此也属于文化资源。智能文化资源两者兼备。

区分"文化资源"与"文化产业资源"。马克思将人类的生产劳动划分为劳动者、劳动工具和劳动对象三部分，传统上仅把劳动对象理解为资源，而当前对于资源的理解却越来越宽泛，趋向于把生产劳动的不同要素都理解为资源，这就增加了资源的复杂性。一般认为，文化产业资源包括文化产业运行所需要的所有资源，其中文化资源是基础和生产对象，另外还包括金融资本、人力资源、传播渠道和平台，等等。

综上，可以将文化资源定义为，能够满足人类文化需求、为文化产业提供基础的自然资源或社会资源。

2.文化资源的分类

综合文化资源的定义和内涵，文化资源可分为物质文化遗产、非物质文化遗产、自然遗产和智能文化资源四部分，其中物质文化遗产与"历史文化资源"相对应，非物质文化遗产与"民俗文化资源"相

---

① 吕庆华.文化资源的产业开发［M］.北京：经济日报出版社，2009：49.

对应，智能文化资源属于现实文化资源。①详见图2-1。

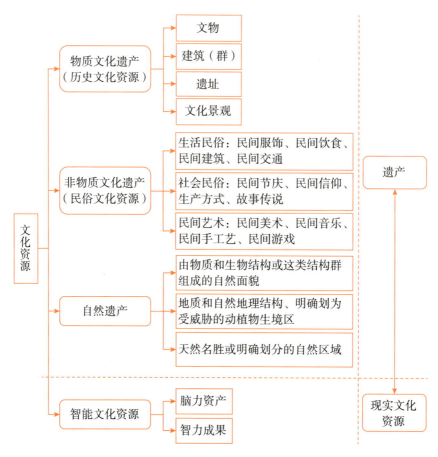

图2-1　文化资源分类

资料来源：王广振.地方文化产业发展策略系统研究［M］.福州：福建人民出版社，2013：35-38.

3.文化资源的特征

文化资源是文化产业发展的基础，具有显著的自身特征，主要表

---

①　王广振.地方文化产业发展策略系统研究［M］.福州：福建人民出版社，2013：35-38.

现在以下三方面。

一是非独占性。经济全球化时代以及信息时代，文化资源"虽说也有较强的地域性，并在一定程度上有知识产权的保护，但它一旦被创造出来，便成了一种可供全人类共享的精神财富，成了其他人进行文化再创造的资料"①。好莱坞动画电影《功夫熊猫》借鉴了我国的文化元素——熊猫和功夫，并在对其组合、创新的基础上收获了票房和口碑。因此，在文化产业发展中，要利用文化资源的非独占性特征，善于合理借鉴，取优秀资源为我所用，通过资源整合与资源创新，打造文化品牌。

二是价值递增性。文化资源的使用过程往往伴随着文化资源的创造过程。与自然资源的损耗性相比，文化资源使用次数越多，传播范围就越广，价值就越大。

三是效用不可预测性。文化资源的效用大小往往取决于文化资源开发者的运作能力。不同的利用方式、开发技术或者宣传推广措施等能够较大地影响文化资源的效用。这就要求我们在文化资源开发过程中注重资源开发方式，力争实现资源效用最大化。

三、文化资源资本化

文化资源是文化资本的基础、前提、来源，文化资本是文化资源实现产业化、市场化的结果和价值体现，二者互为因果。不过，静止的文化资源只能属于"沉没资本"，无法创造价值，只有那些在社会

①　丹增.发展文化产业与开发文化资源［J］.求是，2006（1）：44-46.

生产中运动着、流通着的资源才有可能转化为文化资本。文化产业被认为是朝阳产业，从某种意义上来说，文化产业发展的过程就是文化资源转化为文化资本的过程。

（一）文化资源资本化的含义

所谓文化资源资本化，即将文化资源转化为文化资本的过程。

资源本身并不是资本，只是表现某一事物具有某种价值而已。资源要成为资本就必须进入社会再生产过程，并在其中发挥作用，产生效益并获取相应的回报时才成为资本。[①]文化资源资本化是将所有可产业化开发的文化资源，通过市场化运作，促进文化资源的有效开发，实现文化资源潜在经济优势向现实经济优势的转化。换言之，文化资源的资本化是一种过程，它是以经济效益和社会效益的最大化为目标，把一个社会中所拥有的各种可产业化开发的文化资源转化为可以增值的文化资本，赋予其资本属性。[②]这一过程充分利用文化资本运动和增值的属性，实现文化资源潜在经济价值向现实经济价值转化。[③]可以说，资本的运动性是区分文化资本与文化资源的显著分水岭，只有进入市场流通的文化资源才能转化为文化资本。

当前市场经济条件下，资源流通速度加快，流通和交换行为推动了"文化资源→文化资本→经济资本"链条的有序演进。不过，从投

---

① 李沛新.文化资本论：关于文化资本运营的理论与实务研究［D］.中央民族大学，2006.

② 于嘉.浅析文化资源到文化资本的转化［J］.消费导刊，2009（13）：216-217.

③ 徐望.结合文化产业发展重新界定"文化资本"概念［J］.艺术百家，2013（S2）：27-32.

资角度看，并不是所有的文化资源都可以转变为文化资本，只有那些在现有条件下能够开发并且具有市场潜力的文化资源才有进行资本转化的可能性，同时，这种转化并不能伴随破坏性利用，也不可违背国家相关法律法规。因此，在文化资源资本化过程中要遵循一定的原则，即效益原则、优化原则、创新原则和持续原则。

（二）文化资源资本化的前提条件

第一，可商品化。一方面，历史文化资源必须有可以转化为消费者可视、可听、可感、可体验的产品或服务，才能够具备经过资本转化为商品的条件。文化资源要以产品或服务作为载体，才能让受众直接感知和接触。另一方面，历史文化资源本身须符合当下社会和市场的价值认同，能够刺激消费者去消费、体验，成为消费市场中流通的商品。例如，涉及宗教或受保护的一些历史文化资源是无法在市场中自由流通的，因此无法成为资本化的对象。

第二，产权明晰。在文化资源资本化过程之前，明确资本化之后的产权界定和产权归属是至关重要的。因为文化资源资本化后在市场流通的经济效益归属，是由文化资源的产权问题直接决定的。所以在文化资源资本化之前，应该按照法律规定和社会基本共识来确定资本化后的产权归属问题。

第三，做好保障。文化资源资本化转化过程中需要做好政策保障、资金保障和社会保障三方面保障。政策保障即在项目成立之前，了解国家相关法律法规，主要是涉及安全性和区域鼓励性方面的法律法规。这将在项目实施过程中提供根本性的保障，并且有效化解可能遇到的阻力，从而保证项目顺利进行。资金保障需要在项目成立之前对项目规模及所需资金进行适当评估，并为文化资源的资本化提供充足的资金支持。由于文化资源资本化是一个高投入且长线回报的过程，因此充足的资金保障是项目顺利进行的关键。社会保障是文化资源进行资本转化时，需要考虑到所在区域的社会、团体以及个人的接受程度，对于历史文化资源的利用，需要与当地社会、团体以及资源所有者进行有效沟通和协调，解决潜在的阻力因素，从而保证项目的成功进行。

（三）文化资源资本化的途径

1.以文化资源为基础

以文化资源为基础表现在两个方面，即文化资源保护与可持续以及文化资源利用与开发。

文化资源保护与可持续。开发利用文化资源，将其资本化的前提是做好文化资源的保护工作，因为很多文化资源都具有独特性和不可再生性，所以维护文化资源的多样性和资源环境的生态性，保持文化资源的可持续发展尤为重要。

文化资源利用与开发。在保护文化资源的基础上，对文化资源进行有效的整合利用，实现产业化开发。实现文化资源的资本化有两种方式，一种是外延型的，另一种是内涵型的。

外延型文化资源的资本化是指采取各种有效的手段，主要以增加文化资源的数量来实现对文化资源的利用，其中既包括自然文化资源，也包括历史文化资源的开发和利用。例如，新疆将赛里木湖这一自然景观开发成景区等，进一步使文化资源进入市场流通环节。社会技术水平和管理水平的提高为文化资源的外延式开发创造了条件，不过由于区域内文化资源总量有限，外延式开发不可能无止境地进行下去，更何况开发过程中会伴随着不同程度的破坏，影响文化资源的文化价值。

内涵型文化资源的资本化则是指对现有文化资源进行深度挖掘和创新性开发，提高资源利用效率和利用深度。例如，对山东泰山的内涵进一步开发，对泰山"碧霞元君"，即泰山娘娘的神话故事展开叙述，以诗词、演艺、影视化等手段进行创新化的表达，深化受众对泰山故事的熟知度等。由于文化资源的内涵开发的目标是提高文化资源本身的利用效率、利用深度和创造性利用率，因此，内涵的开发是可持续且无止境的。同时，内涵开发过程中可以进行创新性表达，从传统文化中找寻现代人的共鸣点，寻找与新时代消费者的审美和消费需求的平衡点，例如近年来，从"印象""又见"到"只有"系列的沉浸式旅游演艺，通过对舞台空间场景、文化内容叙述和技术应用的创新，带给旅者更加直接的旅游文化获得感和身临其境的体验满足感，这也是文化资源创新性转化的成功范例。内涵型开发与外延型开发相比，能够实现文化资源价值最大化，在保护的基础上提升文化资源利用效率。

2. 以消费市场为导向

以消费市场为导向主要体现在文化产品的生产和营销两个方面。

文化产品的生产需要面向市场，符合新时代消费者不断更新的审美和消费需求。同时，不仅要注重产品质量，还要不断提升其中所蕴含的文化、技术含量和产品附加值。但单一文化产品的价值有限，文化产品经营主体要想获得长足发展，还要树立发展文化产业集群的观念，考虑产业规模化和产业链的延伸。举例来说，美国迪士尼公司依靠动画电影起家，创作出众多经典动画形象，后期经过不断的资本运作，现在迪士尼旗下拥有华特迪士尼、试金石、好莱坞、米粒麦克斯、二十世纪电影公司、漫威、皮克斯七大知名电影品牌公司。其带来的内容版权也是巨量的，而在内容版权基础上，迪士尼公司还延伸出以动画形象为核心的舞台剧、主题公园、玩具、服装及纪念品等，依靠内容版权不断衍生扩展了其产业版图，打造出独属迪士尼的文化产业价值链。

在实现文化资源资本价值的过程中，后期的包装、宣传等市场运作的营销手段也发挥着重要作用。现代营销方式的运用和营销理念的创新尤为重要，需要运用现代市场组织形式和连锁经营等营销方式，减少流通环节，拓宽流通渠道，促进文化产品流通。同时由于当今社会高速发展，信息量爆炸，注意力已然成为稀缺资源，因此，除了迎合需求外，也要注重创造需求。

3.以品牌建设为核心

从文化资源到文化资本的转化还需要全力推进品牌战略的实施。在当前文化产业的发展中，品牌建设已经成为至关重要的战略问题。一方面，我们需要为优秀的文化产品树立品牌形象；另一方面，建立了扎实、知名的品牌之后，还需要善于利用它来推动相关文化资源的开发和系列文化产品的销售，发挥联动效应。我国也应该充分利用天然的有利条件，加快文化资源向文化资本的转化速度，形成具有中国特色的文化产业，从而扩大我国文化在国际上的影响力。

（四）文化资源资本化的意义

首先，文化资源向文化资本转化的过程，能够最大限度地开发文化资源本身的内涵价值，推动文化资源的有效利用，在保证资源保护体系的基础上，达到文化资源开发的价值最大化，激发文化资源的经济效益和社会效益。

其次，文化资源向文化资本的转化是文化产业发展的迫切需求。文化产业属于资本密集型产业，文化产业的又好又快发展需要优质资本的持续投入。我国历史悠久，可开发的文化资源极为丰富，通过技术创新和手段创新推动文化资源向文化资本转化是文化产业进一步发展的迫切需求。

最后，文化资源向文化资本转化是企业、地区乃至国家实力提升的必然要求。文化软实力是企业、地区乃至一国综合实力的重要体现，文化软实力体现在文化资源向文化资本的转化能力以及转化成果之中。只有高效地实现文化资源资本化才能在市场竞争、国际竞争中处于优势地位。

总之，我国有丰富的文化资源，研究文化资源资本化机制，推动文化资源向文化资本转化，对于优化文化产业价值链、加快文化产业发展大有裨益。

第3讲　产业经济视角下的文化产业

文化产业作为一种特殊的文化形态和特殊的经济形态，通过创新和创意的结合，激活文化资源，为经济发展注入了新的活力，对经济社会发展的贡献越来越大。本讲从产业经济学的角度，阐述了与文化产业相关的概念及内涵，如文化生产、文化生产力等，在此基础上梳理了文化产业的概念及分类，分析了文化产业的形成过程以及在演变过程中产生的业态创新，分析了文化产业的特征、功能，从理论和现实角度阐释了文化产业的经济学意义。本讲还对文化产业的生产组织和空间组织相关融合做了梳理和介绍。

一、文化产业相关概念、功能及经济学意义

（一）相关概念及内涵

1.文化生产和生产力

（1）文化生产

文化生产是一种基于人类自身思想、意志和情感的生产，旨在通

---

① 尹涛，广州市社会科学院副院长、研究员；李明充，广州市社会科学院文化产业研究中心执行主任。

过创造、生产、分配和消费文化产品和服务，满足人们的精神文化需求。在这个过程中，文化生产者通过运用各种符号、意象和形式等，将自身的思想、观念和情感融入其中，从而形成特色的文化产品和服务。文化生产涉及从物质到精神层面的全方位的人类社会活动，具有二重性，表现在：一方面它具有和其他产业一样的经济性质、市场运作方式、产业管理规范及追求经济效益等特征；另一方面，它也涉及人类的思想、观念和情感等精神层面。

文化生产的要素主要包括文化人才、文化资本、文化资源和文化空间、基础设施等。其中，文化人才是文化产业发展的核心要素，包括创意策划人才、项目策划人才、技术领军人才、营销人才、现代经营管理人才、文化和科技融合综合型人才等。文化资本与文化生产紧密相关，是文化产业平台上文化价值运动的表现形态，是文化生产不可或缺的核心投入要素之一。文化资源是文化生产指向的对象，是文化生产力客体性要素的基本内容，包括有形的物质资源和无形的精神资源。此外，文化空间、文化基础设施也是文化产业发展的重要支撑，包括各种文化设施和设备等。

（2）文化生产力

文化生产力是指人类有目的地创造各种思想、观念、意识、文化、艺术等精神产品，并与物质手段相结合转化为现实生产力、推动人类发展的能力。

文化生产力的发展是由多个因素决定的，包括文化劳动者的素质、积极性和社会组织状况、文化资源及其关系、文化体制和文化生产与消费的互动机制，以及全球化趋势等。文化生产力的主体是文化劳动者，他们的素质、积极性和社会组织状况直接影响到文化生产力的发展；文化资源包括历史资源和现实资源，是文化创作来源的对象和条件，丰富的文化资源可以为文化生产力的发展提供坚实的物质基础，同时资源的有效利用和开发也可以促进文化创新和文化产业的可持续发展。合理的文化体制可以为文化生产力的发展提供制度保障，促进文化产业的市场化和规范化。文化生产与消费的良性互动可以推动文化产业的发展，同时提高消费者的文化素质和审美水平。全球化趋势对于文化生产力的发展也具有重要影响，在全球化的背景下，不同文化之间的交流和融合促进了文化创新和产业发展，同时也带来了更激烈的竞争和挑战。文化产业需要不断提高自身的创新能力和市场竞争力，才能在全球化的市场中立于不败之地。

（3）文化产业的生产方式

文化产业的生产方式与其他产业的生产方式存在显著区别，主要表现在以下几个方面。

一是生产的目的与产品不同。文化产业生产方式以满足人们的精神文化需求为主要目的，提供的是文化产品和服务，如电影、音乐、书籍、艺术品等。这些产品主要用于表达和传播文化、思想和创意，而非直接满足物质需求。文化产品具有明显的符号性质，体现在表达意义、象征性、指代性、审美价值和社会认同等方面。通过对这些性质的理解和分析，我们可以更好地领悟文化产品的深层含义，挖掘其价值所在，同时也有助于提升我们自身的文化素养和审美水平。

二是文化产业的生产方式具有复杂性，这主要体现在创意的无形性、生产方式的灵活性和销售渠道的多样性上。创意作为无形的智力成果，可以通过多种形式表现出来，如文字、图像、音频、视频等。

灵活性体现在生产方式可以根据不同的创意和产品进行调整和改变，可以采用传统的制作方式，也可以采用数字化、网络化等现代化的制作方式。销售渠道则可以通过线上和线下的各种平台和媒体进行推广和销售，如实体书店、电商平台、社交媒体等。

三是文化产业的生产方式具有高度的互动性和参与性。随着数字技术和社交媒体的发展，文化产品和服务的生产者和消费者之间的界限逐渐模糊，消费者也可以成为生产者，参与文化产品和服务的创作和推广。这种互动性和参与性不仅有助于提高文化产品和服务的品质和价值，也有助于增强消费者的归属感和忠诚度。

2.文化产业的定义及分类

（1）文化产业的定义

一般来说，文化产业是指为满足人们精神文化需要，为社会公众提供文化、娱乐产品和服务的活动以及与这些活动有关联的活动的集合，是一个庞大的产业体系，涵盖了文化产品的生产、流通、消费等各个环节，涉及多个领域，如新闻出版、广播电视、电影、文化艺术、网络文化、文化休闲娱乐等。

与文化产业相关的概念包括创意产业、文化创意产业、内容产业、文化及相关产业等。《文化及相关产业分类（2018）》中，对文化及相关产业的定义是为社会公众提供文化产品和文化相关产品的生产活动的集合。这一定义也常常被业界简称为"文化产业"。英国最早在1997年提出"创意产业"的概念，前英国首相布莱尔任职期间创立"创意产业特别工作小组"，在1998年颁布的《创意产业路径文件》中，创意产业"指那些从个人的创造力、技能和天分中获取发展动力的企业，以及那些通过对知识产权的生产和开发创造潜在财富和就业机会的活动"①。我国香港地区一般把"创意产业"称为"文化创意产业"。内容产业（Content industry）是一种以数字化技术、多媒体技术和网络技术等为基础，利用信息资源和其他相关资源，创作、开发、分发、销售和消费信息产品与服务的产业。②

（2）文化产业分类

《文化及相关产业分类（2018）》中认为文化产业主要范围包括两大部分。

1）以文化为核心内容，为直接满足人们的精神需要而进行的创作、制造、传播、展示等文化产品（包括货物和服务）的生产活动。具体包括新闻信息服务、内容创作生产、创意设计服务、文化传播渠道、文化投资运营和文化娱乐休闲服务等活动。

2）为实现文化产品的生产活动所需的文化辅助生产和中介服务、文化装备生产和文化消费终端生产（包括制造和销售）等活动。

文化及相关产业的分类可以从多个角度进行划分，以下是根据不

---

① 自从英国政府1998年正式提出"创意经济"的概念以来，发达国家和地区提出了创意立国或以创意为基础的经济发展模式，发展创意产业已经被发达国家或地区提到了发展的战略层面。与此同时，西方理论界也率先掀起了一股研究创意经济的热潮。从研究"创意"（creativity）本身，逐渐延伸到以创意为核心的产业组织和生产活动，即"创意产业"（creative industry）、"创意资本"（creative capital），又拓展到以创意为基本动力的经济形态和社会组织，即"创意经济"（creative economy），逐渐聚焦在具有创意的人力资本，即"创意阶层"（creative class）。

② 欧盟《Info2000计划》将内容产业界定为"制造、开发、包装和销售信息产品及其服务的产业"，其产品范围包括各种媒介的印刷品（书报杂志等）、电子出版物（联机数据库、音像产品、光盘服务、游戏软件等）和音像传播（影视录像和广播等）。1998年，经济合作与发展组织的专门报告《作为新增长产业的内容》认为内容产业是"主要生产内容的信息和娱乐业所提供的新型服务产业"，具体包括出版和印刷、音乐和电影、广播和影视传播等产业部门。

同维度划分的几种主要类型。

文化服务业：这一类包括新闻服务（如新闻业）、出版发行和版权服务（如书报刊出版发行、音像及电子出版物出版发行）、广播电视电影服务（如广播电台、电视台及其他广播电视服务）等。此外还包括网络文化服务（如互联网信息服务）、文化休闲娱乐服务（如旅游文化服务和娱乐文化服务）以及其他文化服务（如文化艺术商务代理服务等）。

文化核心领域：这部分包括文化创作、表演及演出场所（如文艺创作、表演及演出场所、文化保护和文化设施服务、文化研究与文化社团服务等），以及文化产品（如音像制品出版和制作、电子出版物出版和制作等）。

文化相关领域：这部分涉及文化辅助生产和中介服务、文化装备生产、文化消费终端生产等活动，如版权服务、知识产权服务、文化装备制造、文化消费终端制造等。

《文化及相关产业分类（2018）》采用线分类法和分层次编码方法，将文化及相关产业划分为三层，分别用阿拉伯数字编码表示。第一层为大类，用01—09数字表示，共有新闻信息服务、内容创作生产、创意设计服务、文化传播渠道、文化投资运营、文化娱乐休闲服务、文化辅助生产和中介服务、文化装备生产、文化消费终端生产等9个大类；第二层为中类，用3位数字表示，共有43个中类；第三层为小类，用4位数字表示，共有146个小类。

3.文化产业的形成过程

文化产业作为一个集创意、生产、销售于一体的产业形态，其形成和发展经历了复杂的过程，涉及多个因素。这些因素包括：文化资

源的积累与整合、创意的激发和实现、社会参与消费需求、技术创新
与产业融合、国际文化交流与合作、政策支持，等等，这些因素相互
作用、相互影响，共同推动了文化产业的发展和创新。

（1）文化资源的积累与整合

文化资源的积累与整合是文化产业发展的基础。文化资源包括历
史遗产、手工艺、民间艺术、文学作品、绘画、音乐、舞蹈、文学等。
在历史的长河中，这些传统文化与技艺逐渐发展并传承下来，为现代
文化产业提供了丰富的资源和灵感。通过对这些资源进行挖掘、收集、
整理和保护，可以形成具有独特魅力和市场价值的文化产品。

（2）创意的激发和实现

创意是文化产业的核心驱动力，也是文化生产力发展的关键因素。
创意源于对文化内涵的深入理解和再创造。创意的涌现需要良好的创
新环境和创新机制，需要加强对创意人才的培养和引进，同时也需要
加强对知识产权的保护和管理。

（3）社会参与消费需求

随着社会经济的发展和人们生活水平的提高，人们对文化产品的
需求也越来越高，这种需求的增加不仅推动了文化产业的发展，也为
文化产业提供了更广阔的市场前景。

（4）技术创新与产业融合

现代信息技术的飞速发展为文化产业的数字化、网络化提供了强
大的技术支撑，使文化产业的生产、传播和消费方式发生了深刻变革。
随着科技的进步，新的文化业态和消费模式不断涌现，如数字媒体、
网络文学、电子竞技等，这些新兴业态不仅推动了文化产业的发展，
也为其提供了更广阔的市场空间和商业机会。

（5）国际文化交流与合作

国际交流有助于促进文化创意的碰撞与融合。通过与不同国家和地区的文化交流，文化产业从业者可以汲取各种创意灵感，丰富创作素材，推动文化产品和服务的创新。当今世界不同文化之间的交流越来越频繁，这也促进了文化产业的全球化发展。特别是通过跨国公司的全球拓展和市场推广，文化产品和服务的国际市场得以扩大，同时也促进了文化产业的全球化和国际化发展。

（6）政策支持

政策支持也是文化产业形成的重要因素。政府通过制定产业政策、税收政策、金融政策等来扶持文化产业的发展。同时，制定和完善法规，保护知识产权，规范市场秩序，为文化产业的发展提供法律保障。

4.文化产业的业态及创新

"业态"一词来源于日本，是典型的日语汉字词汇，意思是业务经营的形式、状态。日本的安士敏先生认为："业态是定义为营业的形态，它是形态和效能的统一，形态即形状，它是达成效能的手段。"萧桂森在《连锁经营理论与实践》一书中，给业态下的定义是：针对特定消费者的特定需求，按照一定的战略目标，有选择地运用商品经营结构、店铺位置、店铺规模、店铺形态、价格政策、销售方式、销售服务等经营手段，提供销售和服务的类型化服务形态。业态创新是指在业态发展进程中，以新的经营方式、技术和手段取代传统的经营方式、技术和手段，以及由此创造出不同形式、不同风格、不同商品组合的店铺形态去面向不同的顾客或满足不同的消费需求。

文化产业业态，是以"文化创意"为核心，通过技术的介入和产业化的方式制造、营销不同形态的文化产品的行业。文化产业新业态是指以数字技术和互联网为支撑，将文化资源、创意设计与科技手段深度融合，形成的具有创新性和可持续发展潜力的新型文化产业形态。新业态特征明显的16个行业小类是：广播电视集成播控，互联网搜索服务，互联网其他信息服务，数字出版，其他文化艺术业，动漫、游戏数字内容服务，互联网游戏服务，多媒体、游戏动漫和数字出版软件开发，增值电信文化服务，其他文化数字内容服务，互联网广告服务，互联网文化娱乐平台，版权和文化软件服务，娱乐用智能无人飞行器制造，可穿戴智能文化设备制造，其他智能文化消费设备制造。[①]随着国家数字化战略深入实施，以数字化、网络化、智能化为主要特征的文化新业态快速发展，已成为推动中国文化产业高质量发展的重要支撑。2023年前三季度，文化企业实现营业收入[②]91619亿元，按可比口径计算，比上年同期增长7.7%。其中，文化新业态特征较为明显的16个行业小类实现营业收入36870亿元，比上年同期增长15.2%，快于全部规模以上文化企业7.5个百分点。[③]

（二）文化产业的特征及功能

1. 文化产业的特征

（1）高附加值。文化产品的高附加值主要体现在创意价值、知识产权价值、品牌价值、用户体验价值和文化内涵价值等方面，能够提

---

① 资料来源：国家统计局，https://www.stats.gov.cn/xxgk/sjfb/zxfb2020/202401/t20240130_1946973.html。

② 营业收入是指报告期内企业从事销售商品、提供劳务和让渡资产使用权等生产经营活动形成的经济利益流入。包括"主营业务收入"和"其他业务收入"。

③ 数据来源："2023年前三季度全国规模以上文化及相关产业企业营业收入增长7.7%"，国家统计局网站，https://www.stats.gov.cn/sj/zxfb/202310/t20231030_1944007.html。

供具有独特性和不可复制性的文化产品，满足人们的精神需求和文化追求，从而获得更高的附加值和市场价值。

（2）以知识产权为核心。文化产业依赖于知识和技能的积累，需要从文化传统、历史、社会等方面获得丰富的知识储备，这是企业竞争力和利润的主要来源。

（3）创新驱动。文化产业的增长和发展主要依赖于创新，包括内容创新、技术创新等。

（4）规模经济与范围经济。文化产业具有显著的规模经济和范围经济效应，随着产量的增加，平均成本逐渐降低。

（5）高风险性。文化产业的高风险特征主要表现在创意和智力成果的难以衡量、市场需求的不稳定性、知识产权保护的风险、政策和法律环境的制约，以及投资周期长和资金回流慢等方面。

2.文化产业的功能

文化产业的功能主要表现在以下几个方面。

（1）经济功能：文化产业通过生产文化产品和服务，为企业带来直接的经济效益。它是经济发展的重要组成部分，为经济增长和就业创造机会。

（2）文化功能：文化产业的发展能够促进人类文化的创造与传承。它为人们提供丰富的文化产品，满足人们的精神需求，同时也塑造和影响社会文化环境。

（3）政治功能：文化本身具有政治形态，文化产业的发展可以影响社会政治环境。它可以通过文化产品传达一定的价值观和意识形态，影响社会政治观念。

（4）社会功能：文化产业能够影响人的精神世界，塑造社会的风俗和信仰。它通过提供多元化的文化产品和消费体验，满足人们的不同需求，促进社会交流和认同。

（三）文化产业的经济学意义

1.文化产业经济的理论意义

文化产业经济的理论意义可以从微观经济学和宏观经济学两个维度分析。

文化产业的微观经济学分析涉及多个方面，包括市场需求与供给、生产成本与效益、价格决定与变动、消费者行为与偏好、生产者决策与策略、市场结构与竞争、外部性与公共品、产权与知识产权、创新与技术进步等。通过对市场需求与供给、生产成本与效益、价格决定与变动等方面的分析，可以深入了解文化产业的运行机制和发展规律。同时，也需要关注消费者行为与偏好、生产者决策与策略、市场结构与竞争等方面的问题，以提升文化企业的竞争力和创新能力。

同时，文化产业的宏观经济学分析对于理解文化产业在国家经济发展中的作用和影响具有重要意义，包括文化产业的总体规模和增长、就业和收入、国际贸易和全球化、政策及其影响、创新与技术进步、公共投资与私人投资、对经济增长的贡献、可持续发展、税收和规制等方面。通过对总体规模和增长、就业和收入、国际贸易和全球化等方面的分析，可以深入了解文化产业在国家经济发展中的作用和影响。

2.文化产业经济的现实意义

文化产业作为现代经济的重要组成部分，具有独特的经济学价值，不仅能推动经济增长、创造就业机会、满足消费者需求，还能驱动创新与创造、促进全球化贸易的发展、从多方面对经济发展产生积极影响。

（1）促进经济增长。文化产业对经济增长的贡献主要体现在两个方面：一是直接的经济效益，文化产业带来的直接经济效益是多元化的，涵盖了票房收入、版权收入、广告收入等多个方面。这些收益不仅为文化产业自身的发展提供了资金支持，也为整体经济的增长作出了贡献。随着数字技术的不断发展和消费模式的转变，文化产业的经济效益将更加显著。二是间接的溢出效益，如促进其他产业的发展、提升国家形象、提升国民素质、促进环保和可持续发展等，这些间接效益虽然不是直接由文化产业产生，但却与之密切相关，相互促进。

（2）创造就业机会。文化产业环节众多，从内容创作、生产到销售，文化产业的各个环节都需要大量的人力资源。同时，文化产业涵盖了多个领域，如内容创作、媒体与传播、设计与工艺、艺术表演、文化遗产开发以及数字创意等，这些领域的发展为人们提供了丰富的就业机会。这些就业机会不仅为人们提供了多元化的职业选择和发展空间，同时也为经济的增长和社会的发展作出了重要贡献。随着文化产业的不断壮大和数字化时代的深入发展，预计未来还将继续创造更多的就业机会。

（3）拉动内需。随着人们生活水平的提高，对文化产品和服务的消费需求不断增加。文化产业提供的产品和服务种类繁多，能够满足消费者多元化的需求，促进经济的可持续发展。

（4）激发创新与创造活力。文化产业在内容创新、形式创新、商业模式创新、跨界融合、人才培养和政策支持等方面激发了巨大的创新与创造活力。这些创新不仅推动了文化产业自身的变革，也对其他行业产生了深远影响，激发了全社会的创造活力。

（5）促进国际贸易发展。文化产业对国际贸易具有显著的促进作用，主要体现在文化产品贸易、品牌和知识产权、跨国合作与战略联盟、数字化与技术创新等方面，不仅可以增加外汇收入、促进经济增长，还可以传播文化价值、促进文化交流和国际合作。未来随着文化产业的发展和全球化的深入推进，文化产业在国际贸易中的作用将更加重要。

二、文化产业"三驾马车"

（一）文化投资

文化投资是指一定的经济主体为获取社会的、经济的效益而投入货币或其他资源于文化事业、文化产业的经济活动。其他资源包括除了货币以外的人力、物力和时间等。按性质的不同，文化投资可分为固定文化资产投资和流动文化资产投资。固定文化资产是指文化再生产过程中，可供较长时间反复使用，并在使用过程中基本不改变原有实物形态的文化生产资料和其他物质资料，如博物馆、图书馆、影剧院等。用于建设和形成固定文化资产的投资即"固定文化资产投资"。流动文化资产投资是指在文化生产经营过程中，投产前预先垫付、在投产后生产经营过程中周转使用的资金，如库存现金、银行存款、应收及预付款项、待摊费用等。用于流动文化资产的投资称为"流动文化资产投资"①。

---

① 资料来源：维基百科–文化投资，https://wiki.12reads.cn/%E6%96%87%E5%8C%96%E6%8A%95%E8%B5%84。

在国家文化产业发展扶持政策的引导下，我国文化产业固定资产投资规模继续扩大，部分行业固定资产投资增速较快。2022年，我国文化产业固定资产投资比上年增长7.6%，增速快于2021年2.4个百分点。在九大文化行业中，文化消费终端生产、文化投资运营、内容创作生产3个行业大类固定资产投资增速超过两位数，分别为28.3%、18.6%和11.0%。①

（二）文化消费

文化消费是指人们为了满足自己的精神文化生活而采取不同的方式来消费精神文化产品和服务的行为。从文化消费的界定可以判定出文化消费内涵的两个指向：一是消费动机上是为了满足精神文化的需要而非生存或生理的需求；二是消费的对象是精神文化产品和服务。其中，人们消费的精神文化产品是指科技作品、文艺作品、音像作品、影视片、各种出版物等；精神文化服务是指教育、科技培训、艺术表演、互联网、导游服务以及各种娱乐场所提供的服务等。②

近年来，体验式文化消费已成为文化消费新趋势。随着人们生活水平普遍提高，文化需求正在发生新的变化，更具个性、参与性和互动性的文化活动受到人们的欢迎，体验经济应运而生。实景游戏、VR游戏、陶艺手工、民俗文化游、沉浸式戏剧等都属于体验式文化消费，具有个性定制、互动参与、跨媒介的多感官体验等特征。体验式文化

---

① 资料来源：国家统计局，《2022年全国文化及相关产业发展情况报告》，2023年6月29日，https://www.stats.gov.cn/sj/zxfb/202306/t20230629_1940907.html。

② 封英.消费社会语境下文化消费概念的反思与重构［J］.沈阳师范大学学报，2017（2）.

消费的流行有其原因，一方面，在互联网时代，消费者更愿意主动参与；另一方面，体验式文化消费能够营造出区别于日常生活的空间与场景，颇具仪式感的形式能够起到放松身心、调剂生活的作用。长远来看，体验式文化消费要在加强设计、优化体验、打造品牌上下功夫，力求提供形式更多元、制作更精良、互动体验更丰富、审美品位更高雅、文化意涵更丰富的优质文化服务。①

（三）文化出口

文化出口即出口文化，也就是以商业模式将文化输出到本国以外的地方。②我国文化产品进出口规模多年居世界第一位，发展对外文化贸易，是加快建设文化强国和贸易强国的必然要求。文化出口不仅成为中华文化"走出去"的重要路径，更成为拉动国民经济在后疫情时代增长的重要支撑。2023年10月，商务部等四部门发布《关于2023—2024年度国家文化出口重点企业和重点项目的公告》，公布了最新一批367家文化出口重点企业、115个文化出口重点项目；按企业所属地来分，北京市以63个重点企业、28个重点项目荣登两项评选榜首。上海、广东、江苏、浙江等传统文化产业强省成绩稳定，在两项评选中位居前列。国家文化出口基地是文化贸易的重要载体。为推进对外文化贸易创新发展，建设文化出口集聚区，商务部等部门于2018年6月和2021年8月认定了两批共29家国家文化出口基地。2021年我国对外文化贸易增长态势持续平稳，总额达到2000.3亿美元（出口额1522.1

---

① 资料来源：人民日报，《体验式文化消费：正在崛起的文化新业态》，2021年2月23日，https://www.thepaper.cn/newsDetail_forward_11427213。

② 张常勇.文化出口中的"文化"界定［J］.新闻传播，2012（6）.

亿美元），其中29个国家文化出口基地出口额超167.7亿美元，占我国总体对外文化贸易出口额超11%。[①]

从细分领域来看，影视剧、网络文学、网络视听、创意产品等领域出口迅速发展，涌现出腾讯控股、网易、三七互娱、完美世界、抖音、快手、阅文集团等出海头部企业。根据中国音像与数字出版协会游戏工委发布的《2023年中国游戏产业报告》，2023年我国自研产品海外实销收入163.66亿美元，规模连续四年超千亿元人民币。

三、文化产业的生产组织

生产组织是指为了确保生产的顺利进行所进行的各种人力、设备、材料等生产资源的配置方式，目标是提高生产效率、降低成本、保证质量和满足市场需求。不仅关注生产的物质方面，如设备、物料等，还关注生产中的人员、文化、环境等方面如何将生产资源（人、财、物）有效地转化为产品或服务，并使之具有经济效益和社会价值的过程。

文化产业作为一种特殊的经济形态，其生产组织特点与其他产业存在显著差异。文化产业以创意为核心，强调个性和创新，因此在生产组织上具有一系列独特的特点。文化产业的生产组织主要关注文化产业链、文化市场交易、文化产品的流通、文化产业跨界融合等。

---

① 资料来源：中国商务新闻网，《2022年国家文化出口基地论坛在服贸会上举办》，2022年9月2日，https://www.comnews.cn/content/2022-09/02/content_15927.html。

（一）文化产业链

1.文化产业链的概念与内涵

在产业经济学中，产业链被描述为各个产业部门通过技术的相关性连接在一起，形成一条连锁的产业链条关系，包含价值链、企业链、供应链和信息链四个概念，这四个维度的链条相互对接，以价值产生为最终目标，企业链为运营保证，供应链为生产基础，信息链为沟通纽带调控着产业链的结构和发展。

文化产业链，是以文化创意为核心，根据特定供需关联与时空布局关系，由众多文化企业形成的链条式线性经济关系形态。[①]以影视文化产业链为例，适应消费者需求的文化创意的提出，可以产生出版物，由此开发出相应的影视剧集和网络游戏，通过网络社区扩大知名度，并由此衍生出主题公园等。另外，利用互联网信息传播的优势进行广告代理和营销，更是可以起到事半功倍的效果。迪士尼公司打造的产业链是业界典范。迪士尼先是塑造出一系列深入人心的动画形象，由此衍生出具有消费力的动画周边和主题乐园，并收购漫威、皮克斯等商业价值极高的电影公司为其动画宇宙开疆拓土，成为全球顶级电影公司。[②]

文化产业链大致涵盖三个环节：位于文化产业链上游的是内容创意开发，这是文化产业的概念设计环节；位于文化产业链中游的是生产设计制作，这是文化产业的产品生成环节；位于文化产业链下游的

---

① 马健.文化产业生态圈：一种新的区域文化产业发展观与布局观［J］.商业经济研究，2019（2）.

② 赵星泽等.产业链角度下文化产业发展研究［J］.中国市场，2018（35）.

是交易与流通，如营销传播推广等，这是文化产业的创意推广环节。环环相扣的三个环节共同构成了完整的文化产业链。①

2.构建文化产业链的路径

在构建文化产业链的过程中，要通过政府和企业的共同努力，实现"产业链条"和"企业链条"的有效衔接，接通孤环和断环，健全产业链运行机制。企业方面，应当整合产品结构、整合人力资源、整合渠道资源、整合区位资源、协调产业链中相关利益主体间的关系，实现资源的有效配置、利润的合理分配。企业可以通过合并收购、战略合作等方式实现产业链升级；政府方面，应当整合投融资环境、整合空间布局、整合制度环境以及整合中介环境，通过制定政策及打造文化产业园区等措施对文化产业市场做好监督、引导工作。同时，更新观念，鼓励原创，延伸产业链，实现文化资源的最大挖掘与价值的最大实现。构建产业链的过程中，要有意识地加强产业链中附加价值高的环节的培育，尽量使我国在全球产业链分工的"微笑曲线"中占据有利位置。②

近年来，湖南、浙江、山东等地都在推进"链长制"。"链长制"之新在于经济新常态特殊背景下的地方政府肩负的新的治理责任，是政府经济治理权力的一种延伸。其中不少地方将文化旅游产业或者文化创意产业作为重点产业链之一，实行"链长制"。"链长制"由"链主"和"链长"两个部分组成："链主"是在产业链发展过程中由市场自发形成的，能够协调产业链上各个节点的活动，在产业链协调中会

---

① 马健.文化产业生态圈：一种新的区域文化产业发展观与布局观［J］.商业经济研究，2019（2）.

② 冯华，温岳中.产业链视角下的我国文化产业发展［J］.国家行政学院学报，2011（5）.

利用其主导地位实现自身利益最大化，淘汰产业链落后环节，引领产业链发展；而"链长"是产业链倡导者、支持者、维护者、守望者，往往由地方政府高级公务员和行业协会负责人担任。[①]在文化产业领域，通过实行"链长制"，推出一系列稳链固链强链举措，加快补齐产业链的短板，将进一步助推文化产业高质量发展。

（二）文化市场交易

1.文化市场交易及种类

文化市场是文化产业交易的场所，包括了各种文化产品的交易活动。文化产业的市场交易方式涉及版权交易、授权许可、内容销售、广告收入、演出和展览、版权分销、融资与投资、线上与线下交易、版权保护与维权以及合作与联盟等多个方面。

（1）版权交易。版权交易是文化产业市场交易的核心方式之一，涉及文学、艺术、音乐、电影等各类文化作品的版权买卖。版权交易为创作者提供了获取经济回报的途径，同时保障了文化作品的合法权益，激发了创作活力。

（2）授权许可。授权许可是文化产业市场交易的一种重要方式，主要用于文化品牌、形象和知识产权的许可使用。通过授权许可，文化产业企业可以将自身拥有的品牌、形象或知识产权授权给其他企业使用，从而获取经济收益。

（3）内容销售。内容销售是文化产业市场交易的基本方式之一，

---

① 资料来源：澎湃新闻，《一文读懂产业链"链长制"：全国各地怎么干？》，2021年12月10日，https://www.thepaper.cn/newsDetail_forward_15796198。

主要包括图书、电影、音乐、艺术品等各类文化产品的销售。内容销售为消费者提供了丰富的文化产品选择，同时也为文化企业创造了销售收入。

（4）广告植入。广告植入带来的收入是文化产业市场交易的重要来源之一。通过在各类文化产品中植入广告或利用广告位销售广告，文化产业企业可以获取可观的广告收入。广告收入对于文化企业的经营发展具有重要意义。

（5）租赁。租赁是指消费者可以在一定时间内租用文化产品，而不是购买。这种方式适用于那些使用频率较低或者价格较高的文化产品，消费者可以根据需求进行租赁，避免了购买和保养的成本。

（6）订阅服务。订阅服务是指消费者可以定期获得某种文化产品或者服务，如报纸、杂志、音乐会员等。这种方式可以为消费者提供持续性的服务，保证他们能够定期获取新的文化内容。

（7）赠品或免费提供。赠品或免费提供是指将文化产品作为赠品或者免费提供给消费者。这种方式可以吸引消费者的注意力，增加品牌知名度，同时也可以通过免费产品吸引用户，促进其他付费产品的销售。

（8）合作与联盟。合作与联盟是文化产业市场交易的一种重要方式。通过与其他企业或机构进行合作或建立联盟关系，文化产业企业可以共享资源、降低成本、提高效率并拓展市场份额。合作与联盟有助于促进文化产业的发展和提升企业的竞争力。

2.文化产业市场交易的关键因素

文化产业市场交易的关键涉及多个方面，包括交易标的、交易价格、交易方式、支付方式、交付方式以及法律保障等，这些关键因素相互关联和影响，共同构成了文化产业市场交易的完整体系。在文化产业快速发展的过程中，了解并把握这些关键因素有助于企业提升竞争力并做出更明智的商业决策。

（1）交易标的。交易标的是文化产业市场交易的核心，通常指文化产品或服务。在交易过程中，交易双方需要明确标的基本信息，如名称、规格、质量、性能等，以确保交易的标的物符合双方的预期和需求。

（2）交易价格。交易价格是文化产业市场交易的重要一环。在确定交易价格时，交易双方需要考虑标的物的价值、市场需求、竞争状况等多种因素。合理的交易价格有助于维护市场的公平和竞争，促进文化产业的健康发展。

（3）交易方式。交易方式的选择对于文化产业市场交易的顺利进行至关重要。常见的交易方式包括线上交易和线下交易，以及拍卖、招标和议价等具体形式。交易方式的选择应根据标的物的特性和市场环境进行合理的评估和决策，确保交易的安全和效率。此外，随着互联网技术的发展，线上交易方式逐渐成为文化产业市场的主流形式，能够提高交易的便利性和时效性。

（4）支付方式。支付方式是文化产业市场交易中不可或缺的一环。支付方式的多样性为交易双方提供了更多的选择空间，如现金支付、银行转账、第三方支付等。在选择支付方式时，交易双方需要考虑安全性、便捷性和成本等因素，确保交易的顺利完成。同时，支付方式的合规性也是需要注意的问题，以防止涉及洗钱、恐怖主义资金等不法活动。

（5）交付方式。交付方式关乎文化产业市场交易中标的物的转移过程。在选择交付方式时，交易双方需要明确交付时间、地点和方式，以及标的物的运输和保险等事项。合理的交付方式能够确保标的物的安全，及时交付，降低风险和损失。同时，交付方式的优化也有助于提高交易的效率和便利性。

（6）法律保障。在市场交易中，遵守相关法律法规是必要的条件，包括知识产权保护、消费者权益保护、合同法规等方面。

3.文化产业市场交易的成本

在竞争激烈的文化产业市场中，对市场交易成本的优化和管控对于企业的发展与成长具有关键作用。文化产业市场交易的成本涵盖多个方面，包括信息收集成本、谈判签约成本、履行合约成本、风险管理成本以及纠纷解决成本，这些成本相互交织，共同构成了文化产业市场交易的总成本。这些成本对文化产业市场交易的效率、发展与竞争力具有重要影响。通过合理控制和管理成本，可以提升企业的竞争力和可持续发展能力。

4.文化产业的市场交易平台

文化产业的市场交易平台是一个提供文化产业相关产品和服务交易的场所。这些平台通过互联网、线下展会、专业市场等渠道，将文化产业的生产者和消费者聚集在一起，具有信息交流、产品展示、交易服务等功能，旨在降低交易成本、提高交易效率，促进交易的进行，推动文化产业的发展。

（1）数字艺术品交易平台：如ArtStation、藏融网、艺星网等，这些平台主要提供数字艺术品展示、交易和拍卖服务，包括文物、字画、玉器等。

（2）文化创意产品交易平台：如淘宝、京东等电商平台上开设的文化创意产品专区，涵盖了手工艺品、文创设计品等。淘宝创意站、京东众筹等还汇聚了各类文创产品，支持创意项目的众筹和预售。

（3）演出票务平台：如大麦网、猫眼电影、淘票票等，提供各类电影、演出、展览门票的在线销售和配送服务。

（4）图书音像交易平台：如京东、当当网、亚马逊中国、孔夫子旧书网等，提供图书、音像制品的在线销售和配送服务。

（5）影视版权交易平台：如腾讯视频、爱奇艺等，不仅提供在线视频观看服务，还涉及影视作品的在线交易。

（6）游戏交易平台：如Steam、WeGame、5173、交易猫等，主要提供游戏的在线购买、交易和虚拟物品交易，以及游戏账号、装备等的在线交易服务。

（7）在线旅游服务平台：如携程、去哪儿等，提供旅游产品的在线预订和交易服务。

（8）在线动漫交易平台：如腾讯动漫、快看漫画等，提供动漫作品的在线阅读、购买和版权交易。

（9）在线音乐交易平台：如QQ音乐、网易云音乐等，提供音乐的在线播放、购买和版权交易。

（10）在线设计交易平台：如站酷、UI中国等，提供设计作品的在线展示、购买和版权交易。

（11）版权交易平台：如维权骑士、易版权等，为创作者提供版权保护和交易服务。

（12）社交媒体平台：如微信、微博等，其强大的用户基础和社交功能，也为各类文化产品的推广和交易提供了机会。

（三）文化产品的流通

文化产品的流通方式是指文化产品在生产和消费之间传递的方式和过程。随着科技的发展和消费者行为的改变，文化产品的流通方式也在不断演变和创新。文化产品不仅具有商品属性，还承载着丰富的文化内涵和精神价值。文化产品与其他产品在流通方面的区别主要体现在文化价值与物质价值、创意与独特性、知识产权保护、消费者体验与参与、文化和艺术的传播、市场波动与周期性以及多元化与个性化需求等方面。

文化产品的流通是一个复杂的过程，涉及多个方面。为了促进文化产品的流通，需要综合考虑销售渠道、知识产权保护、推广宣传、物流体系、客户服务等方面的因素，不断创新和完善流通模式和管理方式。随着科技的发展和消费者行为的改变，文化产品的流通方式也将不断演变和创新。文化产品的流通方式主要包括以下几种。

1.直接流通

文化产品直接从生产者传递给消费者，没有经过中间商。这种方式通常适用于小规模生产和销售，或者消费者对产品有较高个性化需求的情况。直接销售是指生产商直接将产品销售给消费者，没有中间商参与。这种方式可以降低流通成本，提高效率，适用于小规模生产和销售。

2.间接流通

文化产品通过经销商、零售商等中间环节传递给消费者。这种方式适用于大规模生产和销售，能够提高流通效率和覆盖面。

3.线上流通

通过互联网平台（如电商平台、在线媒体平台等）进行文化产品的销售和传播，消费者可以在任何时间、任何地点购买文化产品。线上流通具有便捷性、个性化、全球化等特点，能够降低流通成本，提高流通效率。

4.线下流通

文化产品在实体店、展览馆、剧院等实体场所进行销售和传播。线下流通能够提供面对面的体验和服务，有利于满足消费者的个性化需求。线下销售是指通过实体店、展览馆、剧院等实体场所进行文化产品的销售。这种方式能够提供面对面的体验和服务，有利于满足消费者的个性化需求。线下销售的渠道包括书店、唱片店、博物馆、美术馆等，消费者可以直接接触和购买文化产品。

5.混合流通

线上和线下流通相结合的方式，生产者通过多种渠道销售和传播文化产品，以满足不同消费者的需求。这种方式能够充分发挥线上和线下的优势，提高流通效率和消费者满意度。

（四）文化产业跨界融合

跨界融合是文化产业发展的新趋势，也是推动文化生产力发展的重要途径。跨界融合包括产业融合、业态融合、区域融合等多个方面，可以实现文化产业与其他产业的深度融合和协同发展。例如，文化产业与科技产业的融合，可以推动文化产品的数字化、智能化发展；文化产业与旅游产业的融合，可以推动文化旅游的发展；文化产业与金融产业的融合，可以推动文化金融的创新和发展。未来，跨界融合将成为文化产业发展的新常态，也将为文化生产力的发展注入新的活力和动力。

跨界融合是创新文化产业业态的重要方式之一。通过跨界融合，可以实现文化产业与其他产业的深度融合和协同发展，进一步拓展文化产业的发展空间和盈利能力。具体来说，可以通过以下几个方面来实现跨界融合。

1.文化与科技的融合

将文化与科技相结合，推出科技文化产品和服务，满足消费者的科技文化需求。通过科技手段的创新和应用，可以推动文化产业的产品形态、生产方式和服务模式的变革。同时，科技与文化的融合也可以催生新的业态和商业模式，为文化产业的发展注入新的活力。

2.文化与旅游的融合

将文化与旅游相结合，推出文化旅游产品和服务，提高旅游的文化内涵和品质。文化与旅游的融合涉及文化资源的旅游开发、文化遗产的保护与传承、旅游活动的文化体验、文化创意产品的开发与推广、旅游目的地的文化氛围营造、旅游与文化产业的一体化发展、文化旅游的数字化融合、市场营销与推广以及可持续发展等方面。这些方面的融合有助于提升旅游的品质和吸引力，促进文化产业的发展和繁荣，推动经济社会的可持续发展。

3.文化与制造的融合

将文化元素、创意设计与制造业相结合，通过创新思维和方法，提升制造业的附加值和市场竞争力。文化与制造业融合主要涉及文化元素融入产品设计、制造过程的文化传承与创新、企业文化与品牌建设、文化产业与制造业的协同发展、文化创意与制造业的融合发展、文化资源在制造业中的开发利用、制造业中的文化创意产业园区建设、制造业企业文化的创新与实践、制造业中传统文化的保护与传承，以及文化产业对制造业的促进作用等方面。

4.文化与商业的融合

将文化元素与商业活动相结合，通过创新思维和方法，提升商业的品质和竞争力。文化与商业的融合体现在产品融合、品牌融合、营销融合、空间融合和人才融合等方面。这种融合有助于提升商业的品质和竞争力，促进文化产业的发展和繁荣，推动经济社会的可持续发展。同时，也需要注重保护和传承文化遗产、尊重文化的多样性和差异性，以实现文化与商业的和谐发展。

5.文化与体育的融合

将文化元素与体育活动相结合，推出体育文化产品和服务，提升体育活动的品质和影响力，满足消费者的体育文化需求。文化与体育的融合体现在赛事活动、体育用品、体育教育、旅游与体育以及媒体传播等方面。这种融合有助于提高体育活动的品质和影响力，促进文化多样性的保护和发展，同时也有助于跨文化交流和理解的深化。

6.文化与农业的融合

文化与农业的融合体现在多个方面，包括但不限于农业文化遗产保护、乡村旅游与文化体验、农产品品牌与文化包装、农业科普与教育、农业节庆与文化活动、农业创意产业、农业影视与媒体传播、农业生态与可持续发展、农业科技与文化遗产传承，以及农业政策与文化导向等。这种融合有助于提升农业的附加值和市场竞争力，促进农村经济发展和农民增收致富，推动传统农业向现代化转型，保护农村生态环境和文化遗产。

四、文化产业的空间组织

文化产业的空间组织是指文化产业在地理空间上的布局和组织方式。文化产业集群是一种重要的产业组织形式，其形成和发展有助于提高文化产业的竞争力和创新能力，促进区域经济的增长和文化品牌的打造。政府可以通过制定相关政策、提供支持和引导等措施，促进文化产业集群的健康发展和优化升级。

（一）文化产业要素空间分布特征——产业集聚

1.文化产业集群相关概念

产业集聚是指同一产业在某个特定地理区域内高度集中，产业资本要素在空间范围内不断汇聚的一个过程。产业集聚有着巨大的集聚效益，包括外部规模经济、创新效益和竞争效益等。[①]

文化产业集群是指在文化产业领域中，众多独立又相互关联的文化企业以及相关支撑机构，依据专业分工和协作关系建立起来的，并在一定区域集聚而成的产业组织。这种产业组织主要由文化产业链上的所有上、下游企业构成，其形成与发展受多种因素影响，包括消费需求、生产资源、支撑产业和环境因素等。

2.文化产业集群的特点

文化产业作为一种新兴产业，具备高知识性、高附加值、高融合

---

① 冯华，温岳中.产业链视角下的我国文化产业发展［J］.国家行政学院学报，2011（5）.

性的特征。这些特征决定了文化产业集聚既表现出一般的产业集聚特性，又具备文化聚落、创意集聚和产业集聚的多重叠加特性，并在实践中以文化产业集聚区的形式而存在。文化产业集群的特点包括专业性、创新性和网络性。专业性是指文化产业集群内的企业主要集中在某一特定的文化领域，形成完整的产业链和高度专业化的分工体系。这种专业化的生产方式可以提高生产效率和产品质量，降低生产成本，增强市场竞争力。创新性是指文化产业集群内的企业具有较强的创新能力和创新意识，通过不断推出新颖的文化产品和服务，满足消费者的需求，推动产业发展和升级。网络性是指文化产业集群内的企业之间建立了广泛的网络联系，形成了紧密的合作关系，这种网络联系有助于促进信息交流和资源共享，提高整个集群的竞争力和创新能力。

3.文化产业集群的效应

文化产业的集聚除了能为文化企业带来降低交易成本、加速资本及信息的流通速率、提高创新效率和资源配置效率等共性集聚效应外，还具备创造自身需求、提升企业创新能力、基于多元文化价值的柔性联结、加强协同机制、超越地理空间限制实现"跨区域"网络协作等特性效应。因此，自20世纪80年代以来，美国、英国等发达国家相继出现匹兹堡艺术文化特区、谢菲尔德文化产业园区、北曼彻斯特园区等文化产业集聚区，试图通过集聚空间内活动的横向组合及其协作的一体化加速文化产业发展。[①]对于文化产业而言，不是所有的企业都可以从集聚中获得益处，只有具备以下一个或者几个特征的文化企业

---

① 杨秀云，李敏等.我国文化产业空间集聚的动力、特征与演化［J］.当代经济科学，2021（1）.

才能从集聚中获得经济效益：（1）不断创新高质量多种类的产品；（2）生产者的创新要走在消费者的前面，引领消费潮流；（3）产品依托有高度声誉的源地。①

4.建设文化产业集群的关键

打造文化产业集群，关键要考虑其可行性。文化产业集群的选择要从两方面考虑：一是文化产业集群空间布局的合理性，主要是各区域文化产业空间布局的平衡性问题；二是考虑文化产业集群内节点的层级性、丰富性程度及文化要素水平等。②2021年，文化和旅游部发布《"十四五"文化产业发展规划》（以下简称《规划》）。在第四章"优化文化产业空间布局"中，《规划》提出四个文化产业群和七条文化产业带（以下简称"四群七带"），具体地阐释了我国文化产业空间布局，也为"十四五"时期我国贯彻落实国家区域重大战略，促进区域协调发展，推动新型城镇化和乡村振兴指明了新方向。其中，"四群"包含了京津冀文化产业群、粤港澳大湾区文化产业群、长三角文化产业群、成渝地区双城文化产业群；"七带"则包含了长江、黄河、大运河文化产业带，西北丝绸之路文化产业带，西南民族特色文化产业带，东北冰雪特色文化产业带，以及海峡西岸特色文化产业带。

（二）文化产业空间布局的重要影响因素——空间要素

文化产业空间布局与地理区位、周边设施、周边业态、商业用地

---

① 周尚意等.北京城区文化产业空间分布特征分析［J］.北京师范大学学报（社会科学版），2006（6）.

② 康明.我国六大文化产业带战略布局研究——基于点轴理论视角［J］.重庆与世界（学术版），2013（8）.

价格和土地利用等因素具有关联性。与文化产业空间布局产生关联的空间要素可划分为自然景观要素、历史文化要素、服务配套设施和交通设施四大类。自然景观要素包括海岸、山体、公园景观等；历史文化要素包括文保单位、历史建筑、传统风貌建筑等；服务配套设施包括餐饮服务、购物服务、住宿服务、教育设施、体育休闲等；交通设施包括停车场、公交站、地铁站等。[①]

（三）文化产业空间集聚的单元——文化产业园区

在发达国家，文化产业园区被城市经济学家称为文化特区（Cultural Quarter），地理经济学家视其为文化区域（Cultural District），社会学家则称其为文化社区（Cultural Community）。可见，不同学科的学者对文化产业园区关注的重点不同，在概念界定上也有所区别。但是，学者们都强调城市空间文化设施高度集中的具有多种功能和用途的区域，是文化产业园区的基本特征。2005年欧盟公开发布的报告中，将文化产业园区定义为致力于集群文化的体系，文化生产者通过与他人形成丰富的关系，挖掘更大的发展机会，进行文化商业创造性发展，创造文化生产的经济价值。综合来看，文化产业园区应具有文化活动、集聚空间、综合效益三方面的内涵。[②]

我国学者祁述裕（2023）提出，文化产业园区是指具备特定的空间范围，以文化及相关行业作为主营业态，能够形成一定的产业关联

---

① 丁佳艺，孙海烨.文化产业布局的空间影响因素及关联机理研究——以青岛市历史文化街区为例［C］.人民城市，规划赋能——2022中国城市规划年会论文集（05城市规划新技术应用），2023年9月.

② 戚梅.新时代我国文化产业园区的功能与发展方向［J］.山东社会科学，2018（12）.

或集聚效应，且有专门运营机构的文化空间。从主营业务角度来看，目前我国文化产业园区分为六类，分别是：创意设计类园区、文化科技类园区、文化艺术类园区、文化旅游类园区、传统文化资源类园区、文化制造类园区。总体来看，我国文化产业园区数量呈不断增加的态势。各省、自治区、直辖市文化产业园区数量不均，其中，广东省、山东省和北京市的园区数量分列前三。从发展趋势看有五个特点：一是国家级文化产业示范园区的龙头效应将继续彰显；二是新业态将成为文化产业园区最具活力的发展动能；三是数字文化产业园区备受关注；四是园区智能化的升级，成为提升文化产业园区管理水平的热点；五是文化产业园区将成为城市更新的重要抓手。[①]

---

　　① 资料来源：文旅中国，《产业 | 祁述裕：我国文化产业园区发展现状和趋势》，2023年6月12日，https://baijiahao.baidu.com/s?id=1768464120841448202&wfr=spider&for=pc。

第4讲　文化经济与地方协同发展：意义、路径与建议[①]

戴俊骋[②]

导读

　　习近平总书记指出："文化很发达的地方，经济照样走在前面。可以研究一下这里面的人文经济学。"文化经济与地方协同发展是一个重要命题，促进文化经济与地方协同发展是推动物质文明和精神文明相协调的中国式现代化的一条可靠路径。本讲将就文化经济与地方协同发展的意义、主要做法和推进建议展开分析介绍。

　　从学理上看，全球经济转型的大背景下，受知识经济、消费主义和创新理论等多种理论和社会思潮的共同影响，文化经济逐渐兴起和发展起来。按照美国地理学家阿伦·斯科特（Allen Scott）的观点，当前全球社会网络关系的聚焦点是文化经济活动，地方的特殊性通常是

　　① 本讲内容改编自以下文献：戴俊骋在《人文天下》上发表的论文《人文经济学的地理观》；在《同济大学学报》（社会科学版）上发表的论文《数字文化产业与地方营造的协同发展》；在《国际文化管理》中发表的论文《基于不同文化概念认知的地方泛文化产业实践》及在《地理与地理信息科学》中发表的论文《城市老工业区创意转型路径研究：以北京石景山为例》。

　　② 戴俊骋，中央财经大学文化与传媒学院、文化经济研究院副院长，教授。

基于每个地方的独特历史和地方文化经济不断生产塑造而成的。①伴随全球化进程不断深入，各个地方要在越来越扁平化的全球网络结构中凸显其地位，各地开始关注文化经济发展，试图利用文化经济的发展厚植地方的文化资本，进而成为在全球"看得见"的节点。为此，本讲将帮助大家明晰文化经济与地方协同发展的意义，了解当前文化经济与地方协同发展的模式，并提出新时期文化经济与地方协同发展的路径建议。

一、文化经济是地方协同发展的精神源泉

挖掘不同区域文化经济发展的地方特征，是助力区域文化经济可持续发展的前提；而文化经济本身可以成为地方营造过程中的重要抓手和动力引擎，助力区域文化的创造性转化和创新性发展。因此探究文化经济与地方营造的协同发展既具有较强的理论价值，也具有现实意义。

第一，文化经济与地方协同发展是中国式现代化的应有之义。

相较于传统经济发展模式，文化经济中的生产者对自己的文化活动和文化作品投入了极大的关注。这种关注不同于普通生产者单纯为了经济利益的动机，而是基于一种深层的内在精神需求。在文化经济的范畴内，文化活动和文化作品不仅是生产者的关注焦点，也常常成为他们实现自我价值和创造性表达的途径。从消费者的角度看，文化经济提供了一种满足人们精神和情感需求的方式。

---

① Scott A. The Cultural Economy of Cities［M］. London：Sage，2000.

文化经济与地方之间存在着密切的互动关系。文化经济活动通常深受其所处地方的文化、历史和社会环境的影响，它们不仅反映了地方的特色和身份，也促进了地方文化的传播和发展。同时，地方特有的文化资源和历史传统可以为文化经济发展提供独特的素材和灵感，使之成为推动地方经济发展和文化繁荣的重要力量。从生产到消费，文化经济展现了对地方特色的尊重和弘扬，体现了文化与经济在地方层面的相互作用和融合，这不仅加深了人们对地方文化的认同，也给地方经济带来了新的活力和增长点。

可以说在一定程度上，文化经济与地方的协同发展可以视为物质文明和精神文明相协调的中国式现代化的表征。文化经济不仅仅是地方经济社会文化发展的新引擎，还是地方发展的重要精神源泉。文化经济与地方存在协同发展的基础，如何建构出以人为本，充满生机活力的地方，对促进物质文明和精神文明相协调、促进物的全面丰富和人的全面发展、践行中国式现代化发展道路具有重要意义。

第二，文化经济将为地方可持续发展提供强大的内生动力。

文化经济的兴盛发展体现了经济发展的一种新的趋势，即经济的增长与文化创造性转化、创新性发展日益相关，文化作为资源、产品、服务的经济价值日益凸显。文化对于经济增长的价值，就如同内生技术对经济增长的价值一样，是一种需要公共资助的内生动力。文化经济意味着一种新的内生经济增长模式，其经济贡献远超直接的市场收益。特别要谨防将文化经济与文化投机画等号，将其视为某种"爆款"，从而造成地方经济发展的"泡沫化"和"非理性化"。

在认识文化经济时，尤其是在从高速度向高质量转型的新增长战略机遇期，需要一个比简单的市场盈利模式更为开阔的内生经济增长理论的支撑，需要充分认识到文化经济所蕴含的社会效益与经济效益相统一的基本内核。要充分认识到地方文化对经济发展的推动作用，可以为经济发展提供精神动力，为地方经济主体树立行为规范，为营商环境建设塑造软环境氛围等。地方文化对经济的促进作用不是简单的直接相关关系，它更多地表现为一种地方的内部聚合，即将地方内部人们积极的精神特性聚合起来，从而为特定地方发展提供内生动力。

同时，在数字信息技术迅猛发展的背景下，文化经济很多时候被认作数字文化经济的发展模式，在一定程度上呈现出"去地化"的特征。但地方不能成为简单的落地场景，不能忽略其主体性。文化经济发展本身离不开地方的赋能，地方在文化经济发展过程中不能缺位，只有根植于地方的文化经济生态体系不断完备，才能让地方发展的内生动力持续不竭。

第三，文化经济与地方协同发展将建构出独具特色的人地和谐系统。

文化经济与地方协同发展不仅是和谐人地关系的重要体现，而且是推动地方可持续发展的关键因素。当文化经济与地方特色和需求紧密结合时，它们之间的相互作用促使人与环境、自然与社会、物质空间与精神文化空间等多个方面形成积极的互动关系。这种耦合不仅增强了地方的凝聚力和文化认同感，而且促进了社会和谐。在这样的人地关系耦合系统中，文化经济不仅满足了当地居民的文化和精神需求，而且推动了地方经济的多元化和文化创新创意，为地区可持续发展提供了坚实的基础。

同时，文化经济与地方协同发展对于构建具有独特地方特色的人地系统具有至关重要的作用。地方文化经济的发展依赖于对地方历史和文化特色的深入挖掘，这不仅加深了地方居民对本土文化的了解和认同，还激发了地方创新创意的潜力。通过充分利用地方独有的文化资源，建立基于信任和相互尊重的地方网络，地方经济可以更有效地发挥其内生动力。只有紧紧依托地域文化资源，找寻地方文化的特殊性，聚合地方特色文化资源要素，建立具有信任关系的地方网络，才能不断增强地方经济发展的内生动力，提高地方的竞争力、吸引力和扩大辐射范围。

二、因地制宜发展地方文化产业

当前文化经济与地方协同发展已经探索出一些主要路径，这里做一些列举呈现。当然路径远不止于此，还有很多鲜活的实践经验等待挖掘。

第一，打造文化产业成为地方支柱性产业路径。

这是促进文化经济与地方协同发展的主要做法之一。文化产业的发展水平是地方文化经济发达与否的重要标志。从2000年国家"十五"规划中首次明确提出"文化产业"以来，社会各界对文化产业越发重视。早在2010年党的十七届五中全会就明确提出"文化产业成为国民经济支柱性产业"的战略目标。党的二十大报告中延续了"繁荣发展文化事业和文化产业"的表述。

根据国家统计局相关数据，对全国7.2万家规模以上文化及相关产业企业（以下简称"文化企业"）调查，2023年前三季度，文化企业实现营业收入91619亿元，按可比口径计算，比上年同期增长7.7%。全国文化产业发展迅猛大势下，各大区域也在加快发展，但规模和增速不一。东部地区实现营业收入71959亿元，比上年同期增长8.1%；中部地区10600亿元，增长1.9%；西部地区8196亿元，增长12.2%；东北地区864亿元，增长7.0%。

尽管各个地区发展水平不一致，但从省到地级市再到县区级层面，都开始充分认识到发展文化产业的重要价值。从各地方推动文化产业发展的抓手来看，主要包括四个方面。一是各地方从自身文化产业发展的资源禀赋入手，结合文化产业自身的发展规律，出台支持文化产业相关规划和具体政策。二是推动文化演艺、出版发行、影视制作、印刷复制、旅游休闲等传统文化产业转型升级。三是扶持数字文化产业等新兴业态发展。重点推动文化产品和服务的生产、传播、消费的数字化进程，强化文化对信息产业的内容支撑、创意和设计提升，加快培育双向深度融合的新型业态。四是"文化+"战略不断凸显，通过延伸文化产业链条，推动文化与经济、文化产业与相关产业渗透融合，促进文化创意和设计服务与制造业、特色农业、旅游业、体育产业等相关产业融合发展。

具体到政策抓手层面，按照"项目—园区—平台—要素"的支持思路展开。一是抓重大项目落地，以重大项目引领带动文化产业相关项目、市场主体和要素的进入。二是抓文化产业园区建设，发挥文化产业园区要素集聚的核心功能，推动文化产业园区规模化、集约化、规范化、功能化、协同化发展，进而带动文化产业的提质增效。三是抓各类平台建设，从文化产业发展所需的科技平台，到文化产业创意所需的软性公共服务，通过各类平台打造文化产业创新生态。四是吸引文化创意人才集聚，优化配置资本要素，提升土地要素效能，发挥科技要素的引领，让多要素在地方汇融。最终推动各地把结构合理、门类齐全、竞争力强的文化产业体系打造成为文化经济与地方协同发展的基础。

第二，地方历史文化资源传承利用路径。

由于并不是各地都具备发展真正意义上的文化产业基础，文化经济与地方协同发展的最普遍的做法是在发掘保护基础上，开发利用地方的历史文化资源。一方面，加强对文化遗产的发掘，保护和利用在地世界自然遗产、文化遗产，打造一批历史文化街区、传统古村落及文化生态保护区。另一方面，针对非物质文化遗产，则通过修史修志，推进古籍整理出版，建设非物质文化遗产展示馆（传习所）和生产性保护示范基地，振兴传统非物质文化遗产。

在地方的具体实践中，文化经济与地方的协同发展很多时候变成了地方历史文化资源开发利用水平的比拼，这在拥有深厚历史积淀的古都、历史文化街区、历史文化名镇名村、历史文化名城等地方的实践中尤为明显。比如，以历史文化名人为代表的历史文化资源之争的案例并不鲜见，李白故里之争、大禹出生地之争、梁祝原发地之争、诸葛亮躬耕地之争、屈原族别之争、杜康之争……甚至发生了"一个花木兰五地争抢"的局面①，无一不表现出地方迫切期望将历史文化资源转化为地方文化经济资本。

从具体实践上看，地方历史文化资源传承利用路径有以下几种模式：第一种是原生自然式，对地方的依赖程度最高，在某种历史文化遗产的原生地，以在地居民或村民的自然生活生产和村落的自然形态

---

① 沈艾娥.我国历史名人文化产业发展初探［J］.三峡大学学报（人文社会科学版），2012（5）：68-72.

为旅游内容。第二种是原地浓缩式，是把散布在某地方的各类文化遗产集中开发成景区或者作为某个景区的历史文化功能展示区部分，集中呈现该地方的历史文化精华。第三种是集锦荟萃式，将地方及其周边的历史文化资源都在某个主题景区内呈现。第四种是主题附生式，围绕某种历史文化主题与特定功能的文化和旅游业态结合，如旅游演艺等。第五种是数字体验式，伴随着AR/VR/MR等虚拟技术的快速发展以及元宇宙概念的提出，历史资源与数字呈现形式的结合成为了各地方推动历史文化资源转化的"标配"，通过虚拟人和"沉浸情境"的互动深化，未来这种模式带来的体验感、参与感、环境感也在不断升级。

地方对推动历史文化传承利用，促进文化经济与地方协同均有迫切需要。但当前在实践中，容易"轻内容，重形式"，忽略了历史文化资源深层次的地方意义挖掘，过度追求数字化带来的感观体验，进而导致文化经济的发展与地方的发展在一定程度上割裂开来，没有实现文化经济与地方协同发展的真正意图。

第三，以文化经济铸牢中华民族共同体意识路径。

习近平总书记强调，要把铸牢中华民族共同体意识作为党的民族工作和民族地区各项工作的主线。我国地域辽阔、民族众多，各民族都有各自浓厚的、不可替代的文化特色。在长期历史发展中，各少数民族形成了独特的民族建筑、民族服饰、民族佳肴、民族手工艺品等，具有鲜明的民族特色，真实地再现了各民族的文化传统，具有独特的文化经济价值。

对此，以文化经济铸牢中华民族共同体意识，是广大少数民族地区最为重要的路径抓手。在这些区域推动文化经济与地方协同发展，其实质是依托各少数民族优秀的文化传统，对传统文化进行产业化运作，使民族文化资源得以开发和利用，民族自身得以更好地发展。最直接相关的民族文化经济内容包括民族文化产品制造业（如民族工艺品、旅游纪念品、民族刺绣产品、纺织品等）、民族体育业、民族文化音像制品生产、民族文化旅游业、民族歌舞表演经营、民族出版物的生产经营、民族医药的生产经营、民族饮食文化的经营等。

需要特别注意的是，该路径下的民族文化资源转化、产品打造、品牌推广等方面，都应紧扣铸牢中华民族共同体意识这条主线进行谋划。不能简单地将不同的民族文化要素进行"拉郎配"，更不能在发展民族文化经济的过程中"囫囵吞枣、矫揉造作"，最终导致"人人束腰、个个对歌、处处走婚"等场景层出不穷，要坚定不移地把铸牢中华民族共同体意识作为各地方推动民族文化经济与地方协同发展的主线。

第四，地方特色文化产业发展路径。

如果一个地方文化特征不那么突出，没有响亮的文化品牌，那么往往选择按照"特色＋文化"的方式作为推动文化经济与地方协同发展的路径。因此在很多地方都可以看见由"某某文化"派生出的"某某文化产业"。这种特色文化产业在许多人看来是最接地气的，有学者将其视为某一民族和区域中的"草根文化产业"[①]，包括特色文化旅游、工艺美术、戏剧演艺、节庆会展和健身运动，以及基于本土文化遗产资源题材的影视产业、动漫产业、出版产业及与此关联的特色文

---

① 齐勇锋，吴莉.特色文化产业发展研究［J］.中国特色社会主义研究，2013（5）：90-96.

化饮食、酒文化和茶文化产业等。

《关于推动特色文化产业发展的指导意见》（文产发〔2014〕28号）为特色文化产业正名，《意见》中特色文化产业是指依托各地独特的文化资源，通过创意转化、科技提升和市场运作，提供具有鲜明区域特点和民族特色的文化产品和服务的产业形态。从七大重点任务中可以看到中央层面认可的特色文化产业体系，包括：（1）工艺品、演艺娱乐、文化旅游、特色节庆、特色展览等特色文化产业；（2）区域性特色文化产业带；（3）特色文化产业示范区；（4）打造特色文化城镇和乡村；（5）各类特色文化市场主体；（6）培育特色文化品牌；（7）促进特色文化产品交易。

理论层面和实践层面都为地方以特色文化产业之名发展文化经济提供了重要支撑。在发展特色文化产业过程中容易出现"文化的产业化"与"产业的文化化"两种倾向，前者易忽略文化作为地方意识形态建设的重要手段，造成文化的庸俗化；后者则易忽略文化的美学价值，将"特色等同于特产"，削弱审美趣味，形成所谓的"泡菜文化产业""小龙虾文化产业"等地方文化经济实践。这两种倾向均是打造地方特色文化产业发展路径时特别需要避免的。

第五，数字文化产业和地方营造协同发展路径。

按照原文化部《关于推动数字文化产业创新发展的指导意见》（文产发〔2017〕8号），对于数字文化产业的官方定义：数字文化产业以文化创意内容为核心，依托数字技术进行创作、生产、传播和服务，呈现技术更迭快、生产数字化、传播网络化、消费个性化等特点，有利于培育新供给、促进新消费。党的二十大报告中明确提出"实施国家文化数字化战略"。数字文化产业发展已经成为许多地方文化经济发展的核心业态。根据国家统计局数据统计，截至2023年第三季度，文化新业态特征较为明显的16个行业小类实现营业收入36870亿元，比上年同期增长15.2%，快于全部规模以上文化企业7.5个百分点。由于数字文化产业较传统文化产业发展具有一定的"超地方性"，数字文化产业和地方营造协同发展路径更需要审慎引导。

对此，本讲提出了"文化本位"的文化经济与地方协同发展路径，这里的"协同发展"不仅是城市数字文化产业与地方营造的协同发展，而且是为突破数字信息化可能强化的"中心—边缘"结构，实现少部分要素优势型城市与广大资源优势型城市间的协同发展。

具体路径上：第一步，进行城市类型特征判定。突破现有"中心城市"和"边缘城市"的"二分法"，按照城市发展数字文化产业优势禀赋，划分但不拘泥于"发展要素优势型城市"与"文化资源优势型城市"。可以在全国尺度上对各个城市的结构性类型特征进行梳理，就地方数字文化产业发展潜力与地方资源禀赋的耦合协调度进行评估后进行更为翔实的分类。

第二步，发展路径范式选择。结合文化数字产业化和文化产业数字化道路基础上，对有条件实现文化数字产业化的发展要素优势型城市，优先选择产业集聚的规范范式，从生产端与消费端实现数字文化产业与地方营造的协同发展；对于广大文化资源优势型城市，应用现有技术助推文化产业的数字化，按照地方性识别方法（下一部分讲述），进行地方特色文化遴选，更好助力数字文化产业提升地方文化价值的目标诉求。要素优势型城市也可以在规范范式基础上，回归文化本位范式，"双轨并举"更好地实现协同发展。

第三步，文化价值识别共创。在文化本位范式指导下对地方文化价值予以精确识别，要素优势型城市利用数字文化产业平台化发展方式，通过建设虚拟文化产业集群，来实现文化数据创新创意与支撑城市文化资源数据采集清洗、标注关联等产业链分工，带动支撑城市更多地参与到国家文化大数据体系下的文化数字产业化链条中。同时利用广大文化资源优势型城市依托自身历史文化和特色文化资源，搭建"数字文化基因库"，关联"数据超市"，实现文化数字资源向数字资产的转化，进而通过在机构用户端（B端，如各类地方数字文化体验中心、体验园）和消费用户端（C端，如电脑、手机、VR等应用）搭建的各类共享和分发平台，实现不同地方参与主体的价值共创和文化数字资产的分润，最终达到城市数字文化产业与所在城市地方营造的协同发展，不同类型城市的协同发展（见图4-1）。

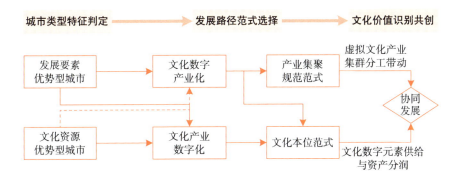

图4-1 数字文化产业与地方营造协同发展总体思路示意图

三、文化经济与地方发展应着眼长远、久久为功

第一，牢牢把握社会效益和经济效益有机统一的根本遵循。

实现高质量的发展应被视为中国现代文化经济体系构建的核心目标和追求方向。追求高质量发展的理由不仅源于文化经济的本质意义，也反映了中国文化产业发展的现实挑战。文化经济本质上蕴含着追求符合文化价值的高品质经济发展，即文化行业本身应当追求高品质，其发展亦是社会经济向更高品质转型的关键所在。从实际情况来看，中国的文化行业在政策推动和市场需求的双重作用下，实现了迅速增长，但这种增长在品质上尚存不足，尚未能为社会经济带来高品质的推动力。高速度增长虽然迅猛，但面临持续性和发展瓶颈的挑战。因此，如何从高速度发展转向并实现高质量发展，成为中国文化经济发展的长期追求和当前亟须解决的问题。

高速度的评判标准相对简单，而高质量的定义和实现则更为复杂，但无论如何坚持"以社会效益优先，社会效益与经济效益相统一"理应成为文化经济高质量发展的首要标准，也成为文化经济与地方协同发展的衡量尺度。特别是 2020 年 9 月 22 日，习近平总书记在教育文化卫生体育领域专家代表座谈会上的讲话中明确指出，衡量文化产业发展质量和水平，最重要的不是看经济效益，而是看能不能提供更多既能满足人民文化需求，又能增强人民精神力量的文化产品。要坚持把社会效益放在首位、社会效益和经济效益相统一，深化文化体制改革，完善文化产业规划和政策，不断扩大优质文化产品供给。

要遵循习近平文化思想，把宣传文化建设放在全局工作的突出位置，要高度重视发展文化产业。要坚持把社会效益放在首位，牢牢把握正确导向，守正创新，大力弘扬和培育社会主义核心价值观，努力实现社会效益和经济效益的有机统一，确保文化经济与地方实现真正的协同发展。

第二，从供需两端抓住文化经济与地方协同发展的基本范式。

从供给端可以参照克里斯·吉布森（Chris Gibson）"规范的文化

经济"范式进行。① 一是将文化产业视为地方文化经济转型的抓手，推动传统产业的数字化转型，促进文化产品商品化，形成地方文化IP（知识产权），进而转化为象征性符号辐射影响到地方各个领域。二是进行地方氛围营造，构筑扎实的基础通讯设施（包括新基建），在城市更新进程中，引入各类让人充满好感的、富有生活气息的创意业态，建设公共文化设施，以吸引文化创意人才流动，进而形成文化产业所需的创意氛围。三是抓紧出台各类政策，激励文化产业集群的形成，重视奖励创新创意活动，鼓励跨地区合作，并最终积极地吸引创意人才成为当地的常住居民，提高地方创新创意活力，进而反哺地方的营造，进一步促进文化经济发展。

　　从消费端可以按照伊丽莎白·克里德（Elizabeth Currid）关于"创意场景"形成的过程来进行营造。即地方通过正式或非正式的组织和社会活动成为消费场所——形成创意交换的节点——成为社会生产系统——在多样、开放和设施丰富的地段形成创意场景——形成共生的文化经济。② 当前在数字文化产业迅猛发展的背景下，通过AR、VR、MR、XR等各类数字技术与景区、街区、社区等地方空间充分结合。摒弃生产模式导向下的地方锦标赛"最佳实践"做法，充分利用城市更新等政策手段，使得相对陈旧的基础设施依靠数字技术得以焕然一新。使这些地方空间成为创意发酵的容器，构建与地方协同发展的引擎。但在文化内容植入地方的过程中，是否与在地文化的结合成为影

---

① Chris Gibson, Lily Kong, "Cultural economy: a critical review", *Progress in human geography*, 2005, 29（5）: 541-561.

② Currid Elizabeth, *The Warhol Economy: how fashion, art and music drive*. Princeton University Press, 2007: 88-110.

响协同发展的难题。具体实践中，只有对不同地方文化需求进行详细调查，了解地方的文化传统和居民的文化参与需求，才能构建具有本土特色的文化场景。

第三，从全域IP打造到城乡统筹谋划文化经济与地方协同发展。

首先，从全域层面利用特色IP引领地方发展。一是不断加大特色地域文化资源开发力度，推动优秀传统文化创造性转化和创新性发展。二是依托特色地域文化进行区域文化品牌营销，构建特色文化传播体系，丰富传播内容，拓展传播业态，加强传播载体建设。三是注重实践与养成、需求与供给、形式与内容相结合，把中华优秀传统文化内涵更好更多地融入地方生产生活各方面。

其次，推动文化引导的城市更新战略。一是优化历史遗产利用，将有形和无形的历史遗产作为文化经济的重要资源进行挖掘和利用。二是创新驱动，打造多元化产业生态系统，在城市更新的过程中，不应局限于传统思维模式，而应积极开拓创新，加强文化经济新业态的培育。三是促进产业融合，构建智力支撑体系，在处理新旧产业的关系方面，需要优化环境，营造有利于文化经济发展的产业氛围。

最后，促进文化赋能乡村振兴。一是加强乡村文化产业人才建设，培育壮大市场主体，支持各地培育和引进骨干文化企业，扶持乡村小微文化企业和工作室、个体创作者等发展，鼓励其他行业企业和民间资本通过多种形式投资乡村文化产业。二是统筹乡村文化资源保护，将物质文化遗产和非物质文化遗产保护与各地方乡村建设、农耕文化保护相结合。三是因地制宜地利用艺术改变乡村，促进乡村振兴，需要结合当地的文化、资源和实际情况，采取有针对性的措施。开展艺术教育和培训活动，提高当地村民的艺术素质和创作能力。

第四，正确处理文化经济与地方协同发展的四对关系。

一是"做里子，不做面子"。文化经济与地方协同发展是将文化深植于地方发展的核心，成为地方发展的内生驱动力，而不是对外展示的形象，成为某种营销手段，更不是"面子工程"。文化经济与地方协同发展的视角下，地方需要将文化资源转化为经济增长的动力。这意味着政府和相关机构需投资于文化教育、文化遗产保护以及文化创新领域，以此激发地方文化的活力，并促进相关的旅游业、服务业和创意产业的发展。文化的繁荣能够提升居民的生活质量，同时为城市吸引人才和投资，形成文化与经济发展的良性循环。

二是"做筛子，不做筐子"。不能把既有的认为好的与文化能搭上边的东西都往"文化经济筐子"里装，要真正筛选出具备地方特色且具有可持续竞争力的文化特色产品和服务。这就需要通过市场研究和专家咨询，识别那些既能体现地方特色又具有市场潜力的文化元素，通过精准筛选，能够确保资源和努力被投入既能促进文化传承又具有经济潜力的项目上，避免资源的浪费，提高文化经济效益。

三是"做旗子，不做幌子"。真真正正把文化经济作为地方发展的一项旗帜性的工作来抓，而不是一个可有可无的添头。当务之急是让地方政府和社会各界充分认识并重视文化经济价值，一方面通过政策支持和资金投入促进文化经济发展。也需要关注文化项目的可持续性，确保文化活动在促进经济发展的同时，不失去其文化价值和社会责任。

四是"做链子，不做点子"。要依托地方搭建文化经济价值链，而不是单纯依靠某个创意、某个事件或者某些单个节点来推动发展。在文化经济与地方协同发展过程中，建立文化价值链至关重要。这不仅意味着要连接文化的创意、生产、营销等环节，更是要确保文化的每个环节都能产生价值。只有通过组织各类平台，促进文化企业和从业者的交流活动，促进信息共享和资源整合，才能最终增强整个文化经济价值链的竞争力。

第二部分

文化经济视域下的
新经济与新产业

第5讲　文化产业：价值链重构与数字化转型[①]

　　随着数字技术的飞速发展，文化产业正经历着前所未有的数字化转型。这种转型不仅改变了文化产品和服务的生产和分销方式，还深刻影响了消费者的消费行为和习惯。数字化转型使文化产业价值链更加灵活，提高了生产效率，拓宽了市场范围，同时也带来了新的机遇和挑战。本讲从文化产业的基础概念以及演变出发，探讨文化产业价值链重构与数字化转型的动因、现状和未来趋势，以期为文化产业的发展提供新的思路和方向。

一、文化产业概念的演变、含义与构成探析

（一）文化产业概念的演变与含义

1.国外

　　法国学者路易·多诺指出，20世纪是一场"文化革命"，其中一

①　本讲前半部分选自作者文章《全球视野下的中国文化产业价值链》，见《学术前沿》2015.07.

②　郭万超：北京市社会科学院传媒与舆情研究所所长、书记、学术委员会主任，北京文化创意产业研究中心主任、研究员，博士后导师；马萱，中国戏曲学院艺术管理与文化交流系教授，管理学博士，加拿大蒙特利尔商学院艺术管理博士后。

个重要标志就是文化产业的空前发展。它包括书籍、唱片、音乐磁带等文化财产，广播、影视、音像、音响设备等文化设备和发射机、接收器等传播载体三个方面。

澳大利亚学者斯图亚特·坎宁安把"文化产业"概念的演变分为四个阶段①：一是20世纪30至40年代，代表理论是法兰克福学派的否定性观点；二是20世纪70至80年代，主要特点是重新用文化来界定已成型的商业产业；三是撒切尔时期，基本特色是城市重建等实用艺术的实践；四是新古典主义经济学在艺术领域的应用。

一般认为，法兰克福学派的霍克海默和阿尔多诺最早提出严格意义上的文化产业概念。在《启蒙辩证法》一书中，他们明确提出了Culture Industry（译为文化工业或文化产业）的概念，用以代替"大众文化"来表示大众文化的产品及其生产过程。但法兰克福学派对文化工业持否定态度，认为"文化工业"是"或多或少按照计划而生产出来的文化产品，这种产品是为大众消费量身定做的，并在很大程度上决定了消费的性质"②。从对大众文化和文化工业的争论中，法兰克福学派实际上阐释了文化工业的内涵：通常情况下，"文化工业"是凭借现代科技手段大规模复制、传播文化产品的工业体系，以工业化生产为标志，以普通大众为消费主体，其中，"工业"不是指技术上的生产过程，而是"事物本身的标准化和分配技术的合理化"。

随着经济和信息技术的快速发展，特别是当"文化工业"与各国

---

① 参见林拓等.世界文化产业发展前沿报告（2003~2004）[M].北京：社会科学文献出版社，2004：138.

② ［德］马丁·杰伊·阿多诺.渠敬东，曹卫东译.[M].北京：中国社会科学出版社，1992：184.

发展战略和实践紧密结合时，"文化产业"一词逐渐变成一种中性甚至褒义的概念，并以英、美等发达国家为中心扩散开来，联合国教科文组织、欧洲委员会和很多国家也开始使用复数形式的"文化产业"。20世纪80年代，英国首次使用了"文化产业"这个术语，用来指"在社会中，那些借助文化生产和服务的商业形式，生产和传播各种信息符号的专业产业组织机构"（Garnham，1983）[1]。尽管这个概念并未从内涵上进行界定，却同样认可了文化产业中的商业化、信息符号等经济特征。

20世纪80年代后期，文化产业从理论争论全面走向实践，成为地方经济发展、就业与社会发展中的重要方面。1986年，联合国教科文组织将文化产业定义为，以艺术创造表达形式、遗产古迹为基础而引起的各种活动和产出。[2]而在其后来的官方界定中经常使用的定义为，"文化产业就是按照工业标准，生产、再生产、储存以及分配文化产品和服务的一系列活动"。

1991年，英国将创意产业归为文字创造、视觉艺术、舞台美术、音乐、摄影、时装六类。1997年，为了向民众树立"创新型"政党的形象，英国政府又有意将创意产业和文化产业区别开来。1998年，英国创意产业特别工作组首次对创意产业进行了界定，认为它是"源自个人创意、技巧及才华，通过知识产权的开发和运用，具有创造财富和就业潜力的行业"。霍金斯在《创意产业经济学》一书中把创意产业定义为："其产品都在知识产权法的保护范围内的经济部门。"文化

---

① "文化产业的解释"，CNKI科技知识元数据库：http://define.cnki.net/science/WebForms/WebDefines.aspx?searchword=%E6%96%87%E5%8C%96%E4%BA%A7%E4%B8%9A。

② 刘巍，宫少军，殷国俊：《文化产业统计考察团赴加拿大考察报告》，2007年12月，http://www.hlj.stats.gov.cn/shkj/gwhc/6275.htm。

经济学家凯夫斯认为：“创意产业提供我们宽泛地与文化的、艺术的或仅仅是娱乐的价值相联系的产品和服务。”

1997年，欧盟当时的轮值主席国芬兰在有关文化产业的报告中，把文化产业界定为“基于文化意义内容的生产活动”，除了新闻出版业、广播影视业、音像业、网络业、文学、音乐创作外，还包括一切具有现代文化内容标识的产品和贸易活动，如摄影、舞蹈、工业与建筑设计、艺术场馆、博物馆、艺术拍卖以及文化演出、教育活动等。[①]

2.国内

20世纪80年代，法兰克福学派的观点开始在我国传播。20世纪90年代“文化工业”的概念引起学界的热议。学者们在惊叹“文学边缘化”的时候，文化产业的快速发展却将这场争论湮没在产业实践的浪潮中，人们也开始认识到文化产业的积极意义。

1998年，我国文化部成立文化产业司，标志着我国文化产业进入“从自发到自觉”的新的历史阶段。2000年10月，中共十五届五中全会通过了《中共中央关于制定国民经济和社会发展第十个五年计划的建议》，第一次正式使用了“文化产业”这个概念，并提出了“推动信息产业与有关文化产业结合”，“完善文化产业政策，加强文化市场建设和管理，推动有关文化产业发展”。

2002年11月，党的十六大报告明确提出了发展文化产业的战略构想。随后的2004年，我国提出了“创意中国”的口号，文化产业开始走向加速发展的轨道。这就使文化产业的官方界定和统计体系提上了议程。2004年3月，国家统计局发布了《文化及相关产业分类》标准，

---

① 胡惠林，单世联.文化产业学概论［M］.太原：书海出版社，2006：111.

首次对文化产业进行了正式界定。

党的十七届六中全会进一步对文化产业发展做了战略部署。推动文化产业发展，需要不断加强、改进和完善文化及相关产业的统计。在此背景下，经中编办批准，2011年11月，国家统计局成立了社会科技和文化产业统计司，这标志着我国文化产业统计工作掀开了新的一页。2012年8月，国家统计局发布了新的《文化及相关产业分类（2012）》。2018年4月，国家统计局印发《文化及相关产业分类（2018）》。

（二）各种命名方式之间的异同

上面分析了文化产业概念的演变及含义变化。实际上，世界各国、地区和国际组织对文化产业的称谓并不一样，除了上面提到的文化产业、创意产业、文化创意产业外，还有内容产业、体验经济、版权产业（美国除了使用创意产业、文化产业外，则开始更多地使用"版权产业"的概念，以强调"版权"对文化产业的关键作用）等名称（见表5-1）。在这部分，笔者将对这些名词进行梳理和分析。

表5-1　世界各国（国际组织）的命名方式

文化产业	内容产业	创意产业	版权产业	体验经济
联合国教科文组织、欧盟、法国、韩国等	OECD等	英国、新加坡、中国香港、澳大利亚、比利时的荷兰社区、爱沙尼亚、立陶宛、瑞典（2002）、罗马尼亚、保加利亚等	世界智力财富组织（WIPO）、美国、丹麦（2006）、芬兰、匈牙利、拉脱维亚（2005）、挪威等	瑞典（2004）、丹麦（2003）等

资料来源：根据各国（国际组织）官方文件或研究报告整理。

1.对文化产业各称谓内涵的辨析

（1）文化产业（Culture Industries）

作为一个不断拓展演进的概念，文化产业是有着巨大生产力的开放的创新理念，它强调的是文化与经济的双向互融。概括起来，对文化产业的研究可区分为两派："理论—意识形态文化产业"和"应用文化产业"。前者强调的是商业模式的文化活动操作方式，是指商业原则下的不同种类的知识产品的生产。后者指的是那些具有物质性、实体性的产业基础，包括电影制作、录音设施、报纸的高速印刷线，覆盖全球的广播电视台，甚至剧院和舞台表演等大型场所。①这两种派别各自独立又相互关联。

（2）创意产业（Creative Industry）

英国是最早提出创意产业概念的国家。创意产业的概念是对狭义文化产业概念的拓展，它是以新经济为基础，以工业规模生产，全球化或地方化为特征的产业。但是，创意产业离不开文化内容，所以其最精练的概括应该是将传统的文化内容作为中间投入品进行规模化生产的产业。

（3）内容产业（Content Industry）

与文化产业相近的概念还有内容产业，也称为"信息内容服务产业"。实质上是广义文化信息的数字化，是基于新兴数字化信息技术，融合了出版、广播影视、通信网络等多种媒体形态，从事制造、生产和传播有关信息文化内容的综合产业。内容产业的凸现反映了文化产业与信息和通信产业的产业融合。

---

① 厉无畏.创意产业导论［M］.北京：学林出版社，2006：7.

尽管创意产业、文化产业和内容产业概念产生的背景和关注的侧重点不同，但三者同属于知识产业，具有明显的交叉和重叠。从广义上看，它们都居于知识产业链的上游。文化产业和内容产业本质上属于知识生产，而创意产业居于知识服务，它以创意对其他产业的融入和渗透为表现形式。文化是这三者的聚焦点。从创意产业与文化产业的关系看，创意产业脱胎于文化产业。当今，创意产业在某些国家已经从不同产业部门中分离出来，成为独立的产业部门。

2.运用价值链（Value Chain）方法对文化产业各称谓的分析

透视这些命名方法，可以看出，其包括的行业大同小异，因而必然存在一定的内在联系。笔者试图通过波特在《竞争优势》一书中提出的价值链方法对其分析。波特指出：企业的每一项生产经营活动都是创造价值的活动，企业的一切互不相同但又互相关联的生产经营活动，形成了创造价值的动态过程，这项动态过程称为价值链（见图5-1）。

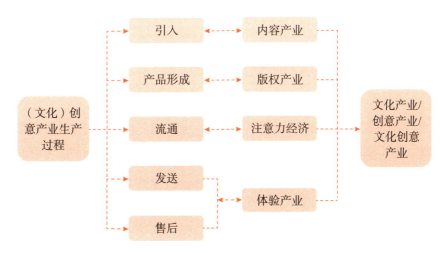

图5-1 价值链的不同环节与命名方式

在分析制造业价值链时，波特将整个价值的生产过程分为五个阶段：（1）输入后勤；（2）制造；（3）输出后勤；（4）营销；（5）服务。那么，相应的文化产业的生产也可以划分为五个阶段：（1）引入。这是将文化内容引入产品生产的过程，文化内容直接决定了产品的基调。（2）产品形成。这是生产商、编辑、设备供应商等拥有不同技能的人共同创意并形成产品的过程。（3）流通。这是文化产品流通的过程，其中的参与者主要是代理商、发行人及各种参与促进流通的中间人。（4）发送。这是与消费者的直接接触点，主要包括影剧院、电视、书店、博物馆等。（5）售后。包括批评家的角色、消费者评价收集等。

根据对文化产业生产五个阶段的划分，可以看出在不同阶段其侧重点不同。引入阶段，侧重于文化内容的挖掘，是"原料"投入的过程，将这一阶段看作产业核心的人将其命名为内容产业。产品形成过程凝结了众多拥有不同技能人员的创意劳动，因而也形成了产品的版权核心，将这一环节看作产业核心的人将其命名为版权产业。流通是一个产品传播的过程，通过这一过程吸引消费者的注意力和眼球，为下一步的发送做必要准备，所以这一环节被称为注意力经济。发送和售后是将产品交给消费者的过程以及听取反馈的过程，这个过程带给消费者的是一种体验，因而可称作体验产业。同样是由于侧重点的不同，将文化内容看作这个产业核心的人将其命名为文化产业。将创意过程看作产业核心的人则将其命名为创意产业，而文化创意产业是二者的折中，但在价值链这个分析框架下，笔者认为这三个词的含义应该是相同的。[①]

---

① 郭万超，马萱.全球视野下的中国文化产业价值链［J］.人民论坛·学术前沿，2015（13）：82-90.DOI：10.16619/j.cnki.rmltxsqy.2015.13.001.

（三）文化产业的构成条件及分类

1.根据国家统计局2018年发布的标准，我国文化及相关产业的范围

文化及相关产业是指为社会公众提供文化产品和文化相关产品的生产活动的集合。

（1）以文化为核心内容，为直接满足人们的精神需要而进行的创作、制造、传播、展示等文化产品（包括货物和服务）的生产活动。具体包括新闻信息服务、内容创作生产、创意设计服务、文化传播渠道、文化投资运营和文化娱乐休闲服务等活动。

（2）为实现文化产品的生产活动所需的文化辅助生产和中介服务、文化装备生产和文化消费终端生产（包括制造和销售）等活动。

2.对文化产业构成条件及类别的新探索

并不是所有与文化产品相关的产业都是文化产业，即使同为文化产业，不同行业也有较大的区别。

（1）文化产业的价值链中所依托的产品是文化产品。

文化产品主要有两层含义：其一，必须具备文化价值比率标准（条件1），即文化企业在生产或提供文化产品或服务的过程中，必须借助文化资源，其产品或服务中文化要素价值所占部分至少超过50%。由于文化是一种无形要素，会使得这一衡量标准在实际操作中有一定难度，需要财务会计制度等多项工作的配套。其二，文化产品的使用价值超过物质产品的一般功能性需求，是精神文化产品，与此同时，消费获得的主要是精神文化效用（条件2）。

（2）文化产业中的文化产品必须具备工业生产特征（条件3）。

工业特征的根本表现是规模化和标准化，文化产业中的文化产品和服务也应具备这个特征。

（3）核心的文化产品所包含的内容应当是信息表现形式，即文字、声音、图像等（条件4），其生产和传播所借助的主要手段是媒体信息技术（条件5）。

根据文化产品包含的内容，可将文化产品大致分为三种：

第一种是以"声、图、文"为信息表现形式的文化产品和服务，这种内容可以物化在信息的物理载体（如图书、光盘）中，也可以通过特定的生产手段直接展现在消费者面前，如广播电视服务或文化演出服务等。

第二种是非"声、图、文"信息表现形式的物质实体（条件6），这种产品主要是通过物质实体的内容和形式来展现文化内涵，如文化产品的衍生品等。

第三种是以非"声、图、文"表现形式存在的、依赖于消费过程的无形文化产品即文化服务（条件7）。

我们对以上特征进行了编码，转化成文化产业的7个构成条件。但并不是说，只有满足这7个构成条件的产业才是文化产业。这些条件并非全是必要条件，不同条件的组合代表了不同类别的文化产业。

当一种活动生产、交换和传播的文化产品：

（1）同时满足条件1—4时，属于核心文化产业，是"声、图、文"信息形式的产品或服务的产业化生产和流通。而更进一步地，同时满足条件1—5时，就归属为传媒产业。从以上分析中可以看出，核心文化产业主要包括传媒业和文化演出业。

（2）同时满足条件1—4和条件6，或者同时满足条件1—4和条件7时，就归属于外围文化产业，主要体现为围绕以非"声、图、文"表现形式存在的文化产品或服务进行的一系列工业化生产和销售活动。

（3）满足条件3，并且是生产满足条件1和2的文化产品所必需的设备和物质生产和销售活动时，就归属为支撑文化产业。严格地说，这类产业活动不是真正的文化产业，却又是核心和外围文化产业离不开的。

3.不同国家、地区对文化产业的分类

各个国家、地区及国际组织对文化产业的分类是不同的（见表2），而且不同时期也有一些变化。例如，英国在1991年将创意产业归为文字创造、视觉艺术、舞台美术、音乐、摄影、时装六类，到1997年又增至13类，范围扩大至广告、建筑、美术和古董市场、手工艺、设计、时尚、电影、互动休闲软件、音乐、表演艺术、出版、电脑软件、电视和广播（见表5-2）。

表5-2　不同国家与地区文化产业最新分类

国家、地区	分　类
英国	13类：广告、建筑、美术和古董市场、手工艺、设计、时尚、电影、互动休闲软件、音乐、表演艺术、出版、电脑软件、电视和广播
新西兰	10类：广告、软件与资讯服务业、出版、广播电视、建筑、设计、时尚设计、音乐与表演艺术、视觉艺术、电影与录像制作
中国香港	11类：广告、建筑、设计、出版、数码娱乐、电影、古董与艺术品、音乐、表演艺术、软件与资讯服务业、电视与电台
澳大利亚	7类：制造（出版、印刷等）、批发与销售（音乐或书籍销售）、财务资产与商务（建筑、广告及其商务）、公共管理与国防、社区服务、休闲服务、其他产业
新加坡	3类：文化艺术、设计、媒体

续表

国家、地区	分　类
韩国	17类：影视、广播、音像、游戏、动画、卡通形象、演出、文物市场、美术、广告、出版印刷、创意性设计、传统工艺品、传统复制、传统食品、多媒体影像软件、网络
芬兰	9类：文学、雕塑、建筑、戏剧、舞蹈、影像、电影、工业设计、媒体
联合国教科文组织	6类：印刷、出版、多媒体、视听产品、影视产品、工艺设计
中国台湾	13类：视觉艺术、音乐与表演艺术、文化展演设施、工艺、电影、广播电视、出版、广告、设计、品牌时尚设计、建筑设计、创意生活、数字休闲娱乐
美国	4类：核心版权产业、交叉产业、部分版权产业、边缘支撑产业
日本	3类：内容产业、休闲产业、时尚产业

资料来源：转引自刘蔚.文化产业集群的形成机理研究［D］.暨南大学，2007：23.

二、数字化背景下文化产业价值链的重构与调整

（一）数字技术对文化产业价值链的影响和改造

迈克尔·波特在1985年出版的《竞争优势》中提出了价值链的理论，波特指出企业的每一项生产经营活动都是创造价值的活动，企业的一切互不相同但又互相关联的生产经营活动形成了创造价值的动态过程，即价值链。价值链理论随着时间的推移逐渐完善，包括产业价值链、企业价值链、企业运营活动价值链在内的价值链系统，后来的学者又在此基础上提出了虚拟价值链理论、价值网理论等。

按照联合国教科文组织的定义，文化产业是按照工业标准生产、再生产、储存以及分配产品和服务的一系列活动。文化产品的价值链

条首先是选择内容，第二产品加工，第三产品输出，第四产品送达。数字经济已经辐射到了工、农、商等产业中。但从产业亲密度来看，文化产业与数字产业最为亲密。①然而在数字经济的时代，数据变成了一种新的生产要素，传统文化产业从研发到制造加工、营销，再到达消费者的链条冗长，利润空间层层压缩。但数字化与智能化的平台直接将供方与需方对接，数据的产生、挖掘、市场配置等改变传统文化产业价值链分工。文化产业的数字化发展是新时代背景下文化产业发展的新趋势，数字经济在促进文化产业的业态更新、产品迭代、服务模式改变等方面都发挥着巨大作用。在文化产业的价值链上无论是广泛的数字化内容、便捷的信息传播渠道，还是高质量的数字化服务都提升了文化产品的输入与输出的效率。

　　数字化转型已经深入文化产业的各个环节，包括内容创作、生产、传播和消费等。在内容创作方面，数字化技术为创作者提供了更加广阔的创作空间和更加高效的生产方式。数字绘画、数字音乐、数字视频等数字化艺术形式已经成为文化产业的重要组成部分。同时，数字化技术也使得创作者能够更加便捷地将作品推向市场，缩短了创作到消费的路径。在生产方面，数字化技术使得文化产业的生产方式发生了巨大的变化。传统的文化产品生产方式需要大量的人力和物力资源，而数字化技术可以实现虚拟生产，大大降低了生产成本。同时，数字化技术也使得文化产业的生产过程更加高效，提高了生产效率。在传播方面，数字化技术使得文化产品的传播方式发生了翻天覆地的变化。

---

　　①　马萱.数字经济驱动下文化产业发展策略研究［J］.北京经济管理职业学院学报，2021，36（2）：25-28.

传统的文化产品传播方式受到时空限制，而数字化技术可以实现全球范围内的即时传播，扩大了文化产品的受众范围。同时，数字化技术也使得文化产品的传播渠道更加多元化，包括网络、手机、社交媒体等。在消费方面，数字化技术使得文化产品的消费方式发生了根本性的变化。传统的文化产品消费方式受到购买方式的限制，而数字化技术可以实现免费或低成本下载，方便消费者的获取。同时，数字化技术也使得文化产品的消费体验更加个性化，满足了消费者的个性化需求。

（二）新的商业模式在文化产业中的应用

在数字化背景下，新的商业模式在文化产业中的应用具体可以表现为以下几个方面。

（1）内容付费模式：随着互联网的普及和移动设备的普及，越来越多的用户愿意为高质量的内容付费。文化产业可以通过推出独家内容、会员制服务、在线课程等方式，吸引用户支付费用来获取独特的价值。

（2）平台化运营模式：文化产业可以通过建立自己的数字平台，将各类文化产品和内容集中展示和销售。通过平台化的运营模式，实现更高效的资源整合和推广效果，提高文化产业的盈利能力。

（3）数据驱动的个性化推荐模式：利用大数据和人工智能技术，文化产业可以根据用户的兴趣和偏好，提供个性化的文化产品和服务推荐。这种模式可以提高用户体验，增加用户的黏性和忠诚度。

（4）IP授权与跨界合作模式：文化产业可以将自身的IP（知识产权）授权给其他行业进行开发和营销，实现跨界合作。例如，将一部畅销小说改编成电影或电视剧，或者将一位知名艺人的形象授权给服装品牌进行推广。这种模式可以扩大文化产品的受众群体，增加收益来源。

（5）社交化互动模式：借助社交媒体和在线社区，文化产业可以与用户进行实时的互动和交流。通过用户参与活动、评论和分享，文化产业可以更好地了解用户需求，改进产品和服务，并建立起良好的品牌形象。

（6）虚拟现实与增强现实技术应用模式：虚拟现实（VR）和增强现实（AR）技术的发展为文化产业带来了全新的商业模式。通过虚拟现实技术，用户可以身临其境地体验文化产品，如参观虚拟博物馆、观看虚拟音乐会等。增强现实技术可以将文化内容与现实世界相结合，为用户带来更加丰富的体验。

（三）数字化环境下的文化产品创新

数字化技术为文化产品的创作提供了新的工具和手段。数字化复原和保护：利用数字技术对文物进行高精度复制和保护，可以有效地保存和传承文化遗产。例如，虚拟现实技术可以创造出沉浸式的艺术体验，让观众仿佛置身于历史场景之中。创意设计和跨界融合：数字技术可以与各种创意产业相结合，创造出全新的艺术形式。例如，数字艺术、数字音乐、数字电影等。此外，数字技术也可以与其他产业融合，如文旅、游戏、教育等，从而打造出更加多元化、个性化的文化产品。通过社交媒体、网络直播等方式，可以将文化产品快速地推广到全球各地。此外，利用大数据分析，可以精准地了解消费者的需求和喜好，从而制定更加有效的营销策略。数字技术可以增强文化产品的互动性和参与性，让观众不再是被动的接受者，而是成为文化产品的创造者和传播者。例如，通过 AR、VR 等技术，观众可以与虚拟现实中的文物进行互动，从而更加深入地了解文化遗产。利用数字技术，可以根据消费者的需求和喜好，定制个性化的文化产品。例如，消费者可以选择自己喜欢的图案、颜色、风格等，制作出符合自己需要的手工艺品、服装等。数字技术也可以应用于教育和培训领域，例如数字图书馆、在线课程等。通过数字化教育，可以让更多人接触到优质的文化资源，提高他们的文化素养和审美水平。

三、基于数字化视角的文化产业价值链发展趋势分析

随着数字化技术的迅猛发展，文化产业价值链正经历着前所未有的变革。从数字化视角分析，文化产业价值链将呈现出以下发展趋势。

（一）价值链横向整合

数字化技术打破了传统产业间的壁垒，使得内容创作者、分发商、技术提供商等各环节能够更加紧密地协作。这种横向整合不仅有助于优化资源配置，提升产业的整体效率，还能推动文化产业实现质的飞跃。例如，内容创作者可以借助先进的数字技术，创作出更具吸引力和价值的文化产品；分发商则可以利用数据分析，精准推送文化产品给目标受众；技术提供商可以通过不断研发创新，为文化产业提供更高效、智能的技术支持。

数字技术的推动下，文化产业价值链的横向整合正在发生深刻的变化。数字技术使得文化产业的生产、传播和消费等环节更加便捷和

高效，同时也给文化产业的发展带来了新的机遇和挑战。首先，数字技术使得文化产业的生产环节更加多元化和个性化。传统的文化生产方式往往需要大量的物质资源和人力资源，而数字技术可以通过虚拟化、网络化等方式，降低生产成本，提高生产效率，同时也可以根据消费者的需求进行个性化的定制，更好地满足市场的需求。其次，数字技术也使得文化产业的传播环节更加广泛和快速。传统的文化传播方式往往受到时空的限制，而数字技术可以通过互联网、移动终端等方式，实现全球范围内的实时传播，使得文化产品的传播更加广泛和快速。最后，数字技术还使得文化产业的消费环节更加便捷和互动性更强。传统的文化消费方式往往需要消费者到现场进行消费，而数字技术可以通过在线消费、虚拟消费等方式。总的来说，数字技术给文化产业价值链的横向整合带来了新的机遇和挑战，需要文化产业不断适应和创新，以实现更好的发展。

（二）产业链上下游延伸

数字化技术使得文化产业的价值链不再局限于单一环节，而是向上下游拓展，形成更为完整的产业链条。从内容创意的孵化到制作，再到品牌的推广和衍生品的开发，文化产业价值链的各个环节将实现无缝衔接。这种上下游的延伸将有助于提升文化产业的附加值，推动文化产业的整体发展。

在数字技术的推动下，文化产业价值链将进一步向上下游延伸。这种延伸主要体现在以下几个方面。内容创作数字化：数字技术使得内容创作更加便捷和高效，创作者可以借助数字工具进行创作，并通过互联网平台发布和分享作品。这不仅提高了创作效率，也扩大了作品的影响力和受众范围。生产流程数字化：数字技术使得文化产业的生产流程更加数字化，包括数字化编辑、数字化排版、数字化印刷等。这大大提高了生产效率，减少了生产成本，同时也为个性化定制和文化产品创新提供了更多可能。营销数字化：数字技术使得文化产业的营销方式更加数字化，包括社交媒体营销、搜索引擎营销、大数据分析等。这些数字化营销方式可以帮助文化企业更好地了解市场需求，提高营销效果，扩大市场份额。消费方式数字化：数字技术改变了消费者的消费方式，他们可以通过互联网在线购买、下载、观看文化产品，这使得文化消费更加便捷和个性化。同时，数字技术也使得消费者可以更加深入地参与到文化产品的创作和传播过程中。产业链上下游协同：数字技术使得文化产业价值链的上下游企业可以更好地协同工作，包括内容创作者、制作方、发行方、渠道商等。这种协同可以使整个产业链更加高效地运转，提高文化产品的质量和市场竞争力。总的来说，数字技术下的文化产业价值链的上下游延伸，使得文化产业的生产、消费、营销等各个环节都得到了优化和升级，提高了文化产业的效率和效益。同时，这也为文化产业的发展提供了更多的可能性，推动了文化产业的创新和进步。

（三）价值链网络化发展

在数字化环境下，文化产业各环节之间的联系将变得更加紧密，形成一种复杂的网络结构。这种网络化的发展趋势将促进资源共享、协同创新和价值共创，为文化产业的发展注入新的活力。各环节将通过信息共享、数据交换等方式，实现资源的最优配置和价值的最大化。同时，网络化的发展也将推动文化产业与其他产业的跨界融合，催生出更多新兴产业形态，为文化产业的发展开辟更广阔的空间。随着科技的不断发展，文化产业价值链的数字化转型将继续深入。未来的转型将更加注重个性化和定制化，利用大数据和人工智能等技术手段更好地满足消费者的需求。同时，数字化转型将进一步推动文化产业与其他产业的融合，形成更加完善的生态系统。在这个过程中，文化产业的价值将得到更广泛的认可和实现。从全球视角看，各国对于文化产业的重视程度将不断提高，政策支持力度也将进一步加大。这将为文化产业的发展创造更加良好的环境，促进各国之间的交流与合作。未来的文化产业价值链将更加开放和多元，各国将共同探索适合自身发展的数字化转型路径，实现互利共赢。

当然，仍有一些问题值得进一步探讨。例如，如何更好地平衡文化多样性保护与数字化转型的关系？如何应对数字化转型带来的版权保护等法律问题？如何提高文化产业从业者的数字素养和创新能力？这些问题需要我们深入思考并开展进一步的研究。此外，随着技术的不断进步和全球化的深入发展，文化产业价值链的数字化转型将面临更多新的机遇和挑战。新兴技术在文化产业中的应用及其影响，以及不同国家在数字化转型过程中的经验和教训都值得我们去探讨与研究。

第6讲 艺术市场：发展态势与治理模式现代化建构[①]

刘双舟[②]

■·导读

　　艺术经济是文化经济的重要形态，艺术市场在文化经济化方面有明显的自身范式。了解当下文化经济化，就要了解艺术经济和艺术市场。世界艺术品市场环境多变，共生是发展的主流，重构是发展的大势。中国艺术市场呈现新发展态势，已成为全球艺术品市场的主要组成部分和重要一极。本讲将对艺术市场地位、世界艺术市场的共生与重构、中国艺术市场发展现状和趋势进行解读，并就中国式艺术市场治理的重要问题进行分析。

　　作为文化经济的重要组成部分，艺术市场在文化经济中具有重要的地位和作用。逆全球化思潮虽然使世界艺术品市场发展的环境变得更加复杂多变，但是总体上全球艺术品市场正在形成多元化、多样化与多极化的发展格局，中国艺术品市场日益成为全球艺术品市场的重

---

　　①　本文节选自2021年度国家社会科学基金艺术学重大项目"中国艺术市场运行机制与制度创新研究"（21 ZD 06）的研究成果，由项目负责人刘双舟整理。本次编辑更新了部分数据和发展情况。

　　②　刘双舟，中央财经大学文化与传媒学院院长，教授，博士生导师。

要一极。为全球艺术品市场治理做出应有的贡献，既是中国艺术品市场发展的需要，也是一种重要战略举措。中国式现代艺术市场治理体系建构与治理能力现代化，是中国艺术品市场在新时期推进国家治理体系和治理能力现代化的集中反映。

一、艺术市场在文化经济中的地位与作用

艺术是一种文化现象。通常认为，艺术市场、艺术产业和艺术经济分别是文化市场、文化产业和文化经济的重要组成部分。但是与其他组成部分不同的是，艺术市场、艺术产业和艺术经济具有非常特殊的地位和作用。

文化市场和艺术市场之间存在密切的关系，在一定程度上相互重叠，两者共同构成了一个更广泛的文化和创意产业，反映了人们对文化和艺术的需求和消费。在实践中，这两个市场的发展和运作常常相互交织，共同推动着文化和艺术的经济价值实现。文化市场通常是指各种文化产品和服务的市场，涵盖了广泛的领域，如电影、音乐、出版、广告、设计、游戏、演艺等。文化市场的范围较广，不仅包括艺术作品，还包括其他形式的文化内容和创意产业。艺术市场则更侧重于艺术品的交易和流通，包括绘画、雕塑、摄影、书法、古董等艺术作品的买卖。艺术市场关注艺术品的价值评估、收藏家、画廊、拍卖行等相关领域。文化市场中的某些领域与艺术市场直接相关，如艺术品的展览、艺术表演等，它们既是文化市场的一部分，也是艺术市场的重要组成。文化市场和艺术市场都依赖消费者对文化产品和艺术产品的需求和兴趣。消费者对艺术的热爱和对文化产品的消费需求共同

推动了这两个市场的发展。

文化市场和艺术市场都需要创意和创新，无论是在文化内容的创作还是艺术品的创作中，创意和创新能力在两个市场中都具有重要的经济价值。艺术家和文化品牌的声誉在艺术市场和文化市场中都起着关键作用。良好的声誉可以吸引消费者，提高作品或产品的价值和市场竞争力。文化市场和艺术市场都可以创造就业机会、促进经济增长，并为相关产业和从业者带来经济收益。

艺术产业在文化产业发展中具有重要作用。艺术产业承载着丰富的文化内涵，通过艺术作品的创作和传播，能够传承和弘扬历史文化遗产，同时也推动文化的创新和发展。艺术产业是文化产业的重要组成部分，能够为经济增长作出贡献。艺术作品的销售、演出、展览等活动能够创造收入和就业机会，促进相关产业的发展。艺术产业提供了各种形式的艺术体验，如音乐会、戏剧表演、美术展览等，丰富了人们的文化生活，提升了审美水平和文化素养。艺术产业可以成为城市的文化名片，如具有特色的艺术街区、艺术场馆等，吸引游客和文化爱好者，促进旅游业的发展，提升城市的形象和知名度。艺术产业激发创意和创新力量，为其他产业提供灵感，促进跨领域的合作与发展。艺术作品能够触动人们的情感和思考，加强社会的凝聚力和认同感，促进社会的和谐与进步。艺术产业还可以促进不同文化之间的交流与融合，丰富文化的多样性，增进国际的相互理解和友谊。艺术产业的繁荣有助于丰富人们的精神生活，推动文化产业的可持续发展。

艺术市场的发展为人文经济的实现提供经济基础和支持。艺术经济在人文经济中发挥着重要的作用。人文经济强调经济发展不仅是追求物质财富的增长，还注重人的尊严、幸福和社会福祉，强调经济活动应该更加关注人的需求、文化价值和社会可持续性。在实践中，人文经济的理念可以引导艺术市场的发展，促使其更加注重艺术品的质量、文化内涵和社会责任。艺术作品往往承载着丰富的人文内涵和文化价值，它们通过艺术市场的交易和传播，将这些价值传递给更广泛的受众。艺术作品作为人类智慧和创造力的结晶，具有独特的审美和文化意义，艺术经济的发展有助于保护和传承文化遗产。

艺术经济可以成为经济增长的重要驱动力。繁荣的艺术市场可以为艺术家和相关产业带来经济收益，促进就业和经济增长，同时也为社会创造了财富。艺术市场的活跃，包括艺术品的销售、展览、拍卖等活动，能够带动相关产业的发展，创造就业机会，促进经济繁荣。艺术经济与创意产业密切相关。艺术创作和创新是创意产业的核心，通过艺术经济的发展，可以激发创意和创新能力提升，推动创意产业的蓬勃发展。

艺术经济在社会和文化发展中起到积极的推动作用。艺术活动和艺术作品能够丰富人们的精神生活，提高社会的文化素质，促进社会的和谐与进步。艺术经济可以与地方特色和文化品牌相结合，通过发展具有地方特色的艺术产业，打造地域文化品牌，提升地方的知名度和竞争力。艺术经济与人文精神的培养相互关联。参与艺术活动和欣赏艺术作品可以培养人们的审美素养、情感体验和人文关怀，促进个人的全面发展。国际化的艺术市场和艺术活动有助于加强国家间的文化交流，提升国家的文化影响力和国际竞争力。

可见，艺术经济在文化经济发展中扮演着重要的角色，它不仅与经济发展密切相关，还对文化传承、社会进步和个人素养的提升具有积极的影响。通过发展艺术经济，可以实现经济与文化的良性互动，促进文化经济的可持续发展。

二、世界艺术品市场的共生与重构

近几年，世界艺术品市场的发展由于受逆全球化思潮的影响，发展环境复杂多变，但是总体上看，世界艺术品市场大的趋势还是在国际化与本土化的博弈中融合发展，共生是发展的主流，重构是发展的大势。

第一，世界艺术品市场的发展仍呈增长趋势。

巴塞尔艺术展（Art Basel）与瑞银（UBS）联合发布的《2023年全球艺术品收藏调查报告》显示，虽然受新冠疫情影响，2020年国际跨境艺术交易额一度下跌，但是在2021年和2022年国家跨境交易很快就恢复增长趋势。2021年艺术及古董进口数字较2020年增加41%，出口数字则增加38%。2022年艺术品市场销售额达到678亿美元，较2021年增长3%。这期间，亚洲艺术品市场正在快速崛起，2022年中国艺术品进口额占全球26%，跃居第二。报告还指出，拍2023年上半年艺术品市场较为低迷，但2022年和2023年初跨境艺术品贸易保持活跃。美国、中国和英国仍然是艺术品进出口的主要枢纽。

第二，世界艺术品市场的激发效应一直存在。

虽然全球艺术品市场面临通胀、不确定性增加的现状，但是艺术品市场的激发效应一直存在，艺术品这一优质资产也日益被资本市场认可，全球艺术品市场在夹缝中逆周期发展。2008年金融危机和2020年疫情这两次社会影响力极大的事件发生以后，艺术品市场不但没有持续动荡下跌，而且还出现了两位数的增长，出现了逆周期发展的现象，这说明世界艺术品市场的激发效应一直存在。越来越多元的消费场景，通过各种各样的活动制造消费热点，并且带动衍生行业的连锁消费力，从而更好地展现艺术品优秀的资产属性与消费属性，也为艺术品价格逆周期上涨提供了台阶。

第三，艺术品资产成为越来越多的高净值人群资产管理的工具。

《2022年环球艺术收藏调查报告》显示，全球艺术市场前景乐观，2022年，收藏家继续购买更多、更贵的艺术品就是一个趋势，从市场数据来看，购买价值100万美元以上艺术品的富裕藏家比例增加到了23%，几乎比上年翻了一倍。特别是对高净值人群的预期调查来看，55%的人计划在未来12个月购买艺术品，78%的藏家对未来6个月全球艺术市场的表现持乐观态度。而在2021年对高净值人群的数据分析中显示，超过64%的人在资产配置比例艺术品超过10%，27%的人将其财富组合的30%以上分配给了艺术品。规模也随着财富的增加而扩大，财富在5000万美元以上的人平均拥有53件艺术品，这些人占据了整个调查的58%。调查显示，大多数高净值收藏家在2020年和2021年积极参与艺术市场，平均而言，收藏家在2021年比2020年购买了更多的艺术品，购买的中位数从10件增加到12件，而且这两年都超过了2019年报告的8件，可以发现富裕藏家对于艺术品市场在疫情期间的稳定性报以积极态度。尽管面临挑战，许多收藏家事实上甚至比疫情前的年份更加活跃，几乎所有地区的购买量都有所增加（见表6-1）。

表6-1　高净值艺术收藏家对世界艺术品市场的短期、中期和长期展望

未来6个月	总体	美国	英国	法国	意大利	德国	中国	中国香港	中国台湾	新加坡	日本	巴西
持积极态度	78%	8$%	78%	93%	72%	87%	74%	70%	62%	75%	67%	84%
持不确定态度	16%	9%	14%	5%	23%	10%	16%	25%	27%	20%	23%	13%
持消极态度	6%	3%	8%	2%	5%	3%	10%	6%	10%	6%	10%	3%
未来12个月	**总体**	**美国**	**英国**	**法国**	**意大利**	**德国**	**中国**	**中国香港**	**中国台湾**	**新加坡**	**日本**	**巴西**
持积极态度	80%	84%	72%	95%	77%	85%	78%	79%	71%	81%	64%	85%
持不确定态度	15%	12%	17%	4%	15%	13%	18%	17%	21%	14%	29%	9%
持消极态度	5%	4%	11%	1%	8%	3%	4%	4%	7%	6%	7%	7%
未来10年内	**总体**	**美国**	**英国**	**法国**	**意大利**	**德国**	**中国**	**中国香港**	**中国台湾**	**新加坡**	**日本**	**巴西**
持积极态度	80%	88%	76%	94%	79%	85%	85%	75%	74%	66%	57%	85%
持不确定态度	15%	10%	15%	5%	14%	13%	12%	22%	19%	25%	34%	10%
持消极态度	5%	2%	9%	1%	7%	2%	2%	3%	7%	9%	9%	5%

资料来源：ART Basel 2022。

第四，艺术品市场综合性创新业务发展迅速。

艺术品市场综合创新业务是依托于世界艺术品市场的成熟而出现的新兴发展脉络。它不仅包括艺术品的投资、收藏、交易、展览展示等传统业务，而且也包括以数字技术为载体所开展的艺术品的鉴定评估与价值发现以及相关的金融衍生品服务等新业态。从销售的角度看，数字平台的上线助长了在线销售和推广，特别是中小型画廊可以以线上渠道缩减成本提高收益，一些画廊开始举行在线展览以及进行联名，但他们也不会放弃实体业务。而世界各国的大型艺术博览会上，数字化战略逐渐显现，不仅仅是数字艺术的展售，以数字钱包为基础的交易系统也越来越完善，以数字基础设施搭建的线上线下联动可以帮助参会画廊开拓新的客户群，发展综合性的创新业务。

第五，艺术品市场数字化发展进一步深化。

在数字技术快速发展的今天，艺术品市场数字化的发展趋势越来越明显。随着艺术品的数字化，艺术品收藏、交易、流通等环节都发生了巨大的变化。在互联网时代，艺术品的价值与价格不再由单一的因素决定，而是通过多维度的数据进行综合评估。虽然传统的艺术品的收藏仍占主导地位，但高净值收藏家的11%的支出是用于数字艺术。[1]少数的年轻收藏家在数字艺术上花费了大量资金，5%的Z世代和4%的千禧一代[2]收藏家花费了超过100万美元。在数字化的浪潮中，传统线下艺术机构纷纷向线上转型，通过打造线上平台，实现从传统模式到新零售模式的转变。

---

[1] 资料来源：2022年巴塞尔艺术展与瑞银集团《环球艺术收藏调查报告》。

[2] X世代一般指1965—1980年出生的一代，Y世代指1980—1995年出生的一代，Z世代1995—2010年出生的一代。千禧一代指1982—1995年出生的一代，与Y世代大体相近。

第六，艺术品资产管理的对象与参与者正在发生结构性变化。

在对高净值人群的调查中发现，Z世代的收藏家拥有最高的艺术品平均财富份额，超过三分之一的人拥有超过30%的分配，高于千禧一代（27%）和X世代（24%）的同龄人。这可能部分是由于他们的年龄和生命周期阶段，以及随着时间的推移资产的积累，但它显示了艺术在一些年轻收藏家的财富组合中的早期阶段的重要地位。一线拍卖行在吸引年轻和新买家方面也很成功，以苏富比为例，其客户40%为新客户，并以青年为主。苏富比在2021年报告了超过1660万次的直播观看人次，这有助于大幅扩大对新买家的影响，2021年有39%的买家和44%的竞标者是第一次来到苏富比。2021年4月苏富比与数字艺术家PAK合作举行第一次NFT拍卖，78%的NFT竞拍者是苏富比的新买家，其中一半以上的人年龄在40岁以下。2021年，佳士得拍出6930万美元NFT艺术品也吸引了许多人的注意，75%的NFT买家是佳士得的新客户，平均年龄为42岁。而拍卖科技集团（ATG）也看到了新的和年轻的买家的增加，2020年，35岁以下的访问者在平台上的访问量增加了72%，这一上升势头延续到2021年，从2019年的390万访问量跃升至830万访问量，同比增长23%。在ATG旗下的直播拍卖平台LiveAuctioneers.com上，35岁以下的竞标者增长了52%。[①]

第七，世界艺术品市场发展的格局正在发生改变。

全球艺术品市场发展的格局正在经历深刻的变革，走向多元化、多样化与多极化的发展格局。发展中国家艺术品市场成长迅速，亚洲

---

① 数据来源：2021年度国家社会科学基金艺术学重大项目《中国艺术市场运行机制与制度创新研究报告》。

艺术品市场的比重在不断提高。目前世界艺术品市场已经形成美国、中国、英国三个中心。2021年世界艺术品市场交易价值总额为651亿美元，其中，美国、中国、英国共占据市场总额的80%以上，2021年美国以43%的份额位居第一，份额超过281亿美元；中国以134亿美元的交易总额位居第二，占全球交易份额的20%；英国位居第三，市场份额占到了17%。[①]

三、全球市场中的中国艺术品市场

全球艺术品市场正在走向多元化、多样化与多极化的发展格局，中国艺术品市场规模越来越成为全球艺术品市场构成的主要部分，日益成为全球艺术品市场的重要一极。中国艺术品市场的快速发展对变局中的全球艺术品市场来讲，既是竞争，又是机遇；对中国艺术品市场来讲，如何为全球艺术品市场治理做出应有的贡献，既是发展的需要，又是一种重要战略举措。中国艺术品市场的发展已经进入了一个新时期。

第一，艺术市场体系正在发生全方位转型。

中国艺术市场的发展进入了一个高度敏感而又复杂的格局，已经进入了平台期，市场交易规模徘徊不前，拍卖业再拓展的能力有限，以"画廊业—拍卖业—博物馆"为金三角的市场价值体系未能建立，艺术市场的管理体制、监管能力与水平、政策法规与环境建设等未有

---

① 数据来源：2021年度国家社会科学基金艺术学重大项目《中国艺术市场运行机制与制度创新研究报告》。

新的突破。中国艺术市场的转型主要体现在以下五个方面：一是市场形态正在转型。在越来越旺盛的创新需求面前，传统市场形态，特别是交易体系越来越难以适应市场发展的需要，而创新业态越来越成为市场创新发展的重要市场形态，在中国艺术市场发展过程中占有越来越重要的战略地位。二是市场规模结构正在转型。表现为市场规模结构正在由以礼品为主导向以收藏投资为主导的市场转型。三是资本结构正在转型，原来资本构成是由藏家和礼品买家这些散户组成的，而现在越来越多的机构投资参与到市场里，资本结构正在经历由散户投资向机构投资转型。四是定价机制正在转型，主要是由官本位的市场形态逐步向价值投资定价形态转变。五是中国艺术市场的功能在转型。艺术市场的功能一开始是满足藏家及礼品市场的需要，之后又进一步加入艺术品理财的需要，随着艺术品资产概念的不断形成，艺术品投资兴起，特别是在新的时期，艺术品资产的优质特质使艺术市场成为艺术品资产配置平台，并可进一步向艺术财富管理方向拓展。

第二，艺术市场多期叠加因素不断复杂化和结构化。

中国艺术市场随着规模、结构及业态不断发展，其系统要素不断增加，系统效应不断增强，影响其发展的因素也越来越多、越来越复杂。周期性因素、信心行为结构性因素、市场进程性因素、运营性因素、市场景气行情性因素等，这些因素的综合作用，推动了中国艺术市场新态势的形成与发展。对中国艺术市场来说，只有分析清楚了这些因素内部的逻辑与关联，才能更好地在新时代创新新的工具、新的手段。

第三，艺术市场业态跨界融合已成趋势。

中国艺术市场的快速发展，很大程度上得益于新的市场业态的不断生发与创新。在这个生发的过程中，业态的跨界融合是一条主要的路径。艺术市场业态跨界融合的基本维度有三个：一是新科技融合的维度，大数据、云服务、人工智能与区块链技术的融合发展而不断推动的新业态的生发创新。二是不同行业间的跨界融合，特别是艺术品行业与其他传统行业的跨界融合。三是需求拉动的跨界融合，最突出的是新消费的崛起，进一步带动了艺术品消费的发展，个性化消费、体验性消费等的兴起，可以说使中国艺术市场科技融合发展充满了活力与动力。

第四，艺术市场业态结构正在发生重大变化。

中国艺术市场发展的趋势与动力结构的变化，隐匿于艺术市场业态结构的变化过程中。对中国艺术市场来说，其交易体系既有交易体系的共性，又有自己特色的交易体系与结构。艺术市场交易体系与结构中，除了传统的交易体系，如画廊业态、拍卖业态及博览会业态之外，还有特色的创新体系，如艺术电商、平台＋艺术品交易模式的创新及平台＋艺术品资产的管理。艺术市场中的创新交易体系发展比较迅速，突破能力强。近几年，随着新科技融合及新媒体、流媒体的不断融合创新，艺术电商发展很快，平台＋交易模式创新也不断探索发展。

第五，艺术市场的发展战略趋势越来越清晰。

中国艺术市场向现代化发展的过程也是国际化与本土化交融、博弈的进程。从中国式艺术市场现代化建设进程来看，其发展主要包含两个大的方面：一个方面是中国艺术市场体系现代化的建构。其中包含：一是艺术市场主体的现代化，主要是指基于现代企业制度下的主体活力与竞争力；二是现代艺术市场体系，主要是指基于现代市场经济制度下高效规范的艺术市场的体系与结构；三是艺术市场机制的现代化，主要是指基于市场竞争来配置市场资源的制度与体系。另一个方面是中国式艺术市场治理现代化。其中包含：一是中国式艺术市场治理体系现代化，是指市场治理组织系统结构的现代化；二是中国式艺术市场治理能力现代化，是指市场治理者素质、方法方式及执行力的现代化。

四、中国式现代艺术市场治理：现状、治理机制与现代化

"治理"作为一种智慧，中外均有悠久的传统。进入20世纪后半叶，治理作为一种概念不断延伸发展，并进一步系统化、规范化、体系化，逐步形成了相应的治理理论与体系。中国式现代艺术市场治理概念的提出是在转型期市场治理这个大背景下的一种积极建构与实践的探索。

中国式艺术市场治理正在尝试步入现代化发展之路，但是与国家治理体系与治理能力现代化的总体要求及市场体系现代化发展的目标相比，还有很大差距，主要表现在：中国式现代艺术市场治理理念相对滞后，认识亟待提高；中国式现代艺术市场治理法治和规则意识薄弱，法律法规执法依据尚不完善；中国式艺术市场治理过程中的理念、方式方法、工具手段都相对滞后，常态化、规范化监管格局尚需进一步建立；中国式艺术市场现代治理人员的专业程度和监管能力较弱，监管水平和效能不高；中国式现代艺术市场治理过程中的主体机构还存在参与度不够、独立性不强和协同性不足的问题，中国式现代艺

市场治理主体机构的治理意识、治理能力及治理的权责认知等方面还比较模糊，存在不到位的现象；随着中国式艺术市场数字化进程的加快，艺术市场的数字化业态发展极为迅速，但数字化治理的水平与能力发展不快，体系建设进展没有突破；等等。这进一步反映出中国式艺术市场治理现代化进程还任重道远，亟须探索建构一套超越传统、科学合理，既有时代性又有前瞻性的中国式现代艺术市场治理体系，推进统一开放、公平竞争的现代艺术市场体系建设，进一步深化改革市场管理制度，提升市场治理能力。

中国式艺术市场现代治理重在落实其相应的治理机制。中国式现代艺术市场治理机制以现代艺术市场治理综合服务平台为基础。艺术市场治理综合服务平台有四大功能：一是整合艺术市场治理体系；二是整合对接艺术市场服务支撑体系与能力；三是聚合社会、机构与个人的治理力量；四是基于平台"公开、公平、公正"三公原则基础上的公信力与整合能力，输出艺术市场治理的能力、手段、产品与服务。基于现代艺术市场治理综合服务平台的中国式艺术市场现代治理机制包括：运营监管机制、评估提升机制、发展导向机制、风险管控机制、公开参与机制、支撑服务机制及融合协调机制等。建构中国式艺术市场现代治理的运营监管机制的关键是以艺术市场征信为抓手，建立健全诚信体系；创新艺术市场监管体系的关键是统一市场监管，建立公平竞争的市场环境，健全优胜劣汰机制。随着科学治理时代的来临，建构中国艺术市场治理的评估提升机制，要重视架构市场治理系统与体系，在坚持科学、专业的基础上，建立相应的评估模式、方法、规范及指标体系。引导艺术市场治理机制导向的，主要包括市场导向、文化战略导向、政策法规导向、监管导向等。其中，基于市场机制的市场导向是基础与关键，政策法规导向是前提，监管导向是保障。在艺术市场治理机制中，风险管控机制的重点主要包括：艺术市场风险管理综合服务平台的建构、艺术市场风险管理闭环机制的建构、艺术市场支撑服务体系的创新、艺术市场风险管控体系的建构、艺术市场风险管理高端人才的培养、艺术市场监管的创新等。公开参与机制不仅是艺术市场治理机制的重要部分，而且是决定其治理效能的关键。建构公开参与机制的重点：一是建构市场治理综合服务平台，提升参与的便捷性与有效性；二是建立公平开放透明的参与规则与规范，制定统一的准入制度，方便不同市场治理主体依法公平、公开参与。支撑服务机制是艺术市场治理机制的能力发挥与落地的重要保障。支撑服务机制是支撑机制与服务机制的合称，它们是建立在市场与产业发展基础之上的服务支撑保障机理，是支撑服务体系作用原理的体现。艺术市场治理机制中的融合协调机制主要包括：一是调控机制，其功能主要是指及时调节艺术市场系统要素、结构、市场与产业体系及环境等各要素之间的失控（配置、匹配错位）现象，使它们能够按照发挥艺术市场发展机制整体功能的要求运行；二是创新发展机制，着重关注系统因素增长、投入（人、财、物、政策）组织创新、环境（资源、社会、文化等）配置的合理化等；三是协调机制，协同、调节整个艺术市场的发展，并且顺利地发挥其既定的功能。

中国式现代艺术市场治理体系建构与治理能力现代化，是中国艺术市场在新时期推进国家治理体系和治理能力现代化的集中反映。中国式艺术市场治理现代化是指建设与中国式现代艺术市场相适配的价值、政策和制度体系与能力系统。在这里，艺术市场治理现代化包括五层含义：一是艺术市场治理体系和治理能力现代化，即在中国式的制度背景中，实现市场治理体系、治理能力的现代化；二是在制度建设层面，主要是与现代艺术市场相关的法律体系框架和治理能力；三是在社会建设层面，主要是与现代艺术市场相关的各种非政府组织、社团、机构参与共治；四是在治理手段和技术层面，主要是艺术市场现代化进程中涉及的各种手段、工具和技术的体系化、现代化；五是治理现代化是制度体系与执行能力的现代化，要使制度能够真正落到实处。

中国式艺术市场治理现代化进程包含两个方面：一是中国式艺术市场治理体系现代化，是指市场治理组织系统结构的现代化；二是中国式艺术市场治理能力现代化，是指市场治理者素质和方法方式及执行力的现代化。治理体系和治理能力现代化的互动统一推进了艺术市场治理的现代化。实现中国式艺术市场治理现代化，需要推进市场治理体系现代化、市场治理标准（水平）现代化、市场治理技术现代化、市场治理能力现代化。

中国式艺术市场治理现代化的特征，集中反映了治理的基本特质与指向，是现代艺术市场治理发展的基本趋势。概括地讲，中国式艺术市场治理现代化特征主要体现在：一是市场治理现代化进程是一个理性的过程，只有确立市场治理现代化的科学目标，制定有效的战略规划，才能进一步落实市场治理现代化的基本路径；二是市场治理具有连续性；三是市场治理主体多元化，应积极开发各类资源，培育多元主体，激发多元主体共同参与治理活动；四是治理主体更加理性、自觉、便捷，参与主体多元化，参与态度理性化，参与方法便捷化；五是治理的综合性服务平台结构更加友好、开放，治理主体进一步重构、治理模式的转型及权责对应的治理关系进一步明晰；六是治理方式更加民主、法治；七是共建、共治、共享的市场共治格局，关注从资源整合、治理过程与治理成果分配出发，突出针对性、共生性、多元性市场治理与跨界协商性场景建设。

建构中国式现代艺术市场治理体系是其现代化进程发展的需要。建构与中国式艺术市场现代化相应的现代艺术市场治理体系，需要进一步明确其建构的基本要素，这些基本要素可以概括为：中国式现代艺术市场治理体系内涵、目标、主体、内容、方式方法、制度、载体及规则等，可以预见，市场治理体系要素会不断创新、流动与融合，其中，科学技术创新发展的加速迭代，会进一步推进其融合进化的步伐。

中国式艺术市场治理能力现代化是现代艺术市场治理能力建设的推动者。治理能力现代化包括两个大的方面：一是治理能力系统的现代化；二是治理能力系统的执行效能现代化。两者互动统一，共同推动了中国式艺术市场治理能力现代化的进程。中国式艺术市场治理能力，就是运用市场制度与治理体系管理艺术市场运营及其各方面运作的系统能力，这种能力的载体包括市场管理体制与体系、市场主体与业态、市场法规与政策等各个方面。有效的市场治理能力有利于充分发挥市场治理体系的效能，而要提高市场治理能力，就必须实现市场治理能力的现代化。中国式艺术市场治理能力充分体现了其应有的现代市场发展的系统能力、市场导向能力、市场资源的动员能力、市场风险的控制能力、市场公平的保障能力及文化传统的整合能力。其进一步发展的重点可以归纳为：一是加强制度建设，健全制度体系的持续性，做到制度设计随国情、市场状况的变化而不断改进完善，保证制度落实的有效性，提升制度的权威性。二是坚持市场导向，尊重市场主体地位，把以市场机制为中心的价值理念体现在市场治理体系与具体实践中。三是搞好顶层设计，提升管理能力，顶层设计与规划要贯穿于市场治理能力现代化的全过程。四是坚守文化传统与坚持依法治市相结合，在法治的框架下推进市场治理能力现代化是依法治市的内在要求，市场治理能力要重视在法治中体现人文精神，彰显德治对法治的补充作用，为市场治理能力现代化提供保障。五是在市场治理现代化中实现国际化。一方面需要应对能力，世界发展面临各种问题和挑战，世界多极化、经济全球化、社会信息化、文化多样化深入发展；另一方面是话语权建设，中国式艺术市场治理现代化要为全球治理贡献中国智慧和力量。

第7讲 创意经济：边界与趋势

意　娜[1]

■ 导读

　　学以聚之，问以辨之。本讲从"创意"辨析开始，对什么
是创意，以及与之相关联的几组概念进行了解析，包括创意者
与创意阶层、创意城市与元城市、创意集聚区（园区）。由于
文化与创意相关概念存在长期混用的情况，在这一讲中，还对
几组核心概念进行了辨析，包括文化产品与服务和创意产品与
服务、文化产业与创意产业、文化经济与创意经济。本讲还从
驱动创意产业与创意经济发展的核心要素，以及创意经济的多
重影响维度两个相辅相成的角度，影响创意产业与创意经济发
展趋势的几个要素。

　　围绕"创意"的一系列关键概念，包括并不限于"创意产业""创
意经济"，都几乎是进入21世纪后才诞生或者广泛使用的。这些名词
长期以来被与我们常用的"文化产业""文化经济"等概念混用，除了
在政策领域，很少进行严格区分。由于创意产业与创意经济本身的定
义和内涵也是在发展中不断演进变化的，对其发展现状和发展趋势的

　　① 意娜，中国社会科学院大学文学院副院长，博士生导师；中国社会科学院民族文学
研究所研究室主任、研究员，中国社会科学院创新工程首席专家。

分析和应对策略的制定有赖于一定时期内相对清晰的边界共识，这是本章论述的主要内容。

一、什么是创意？

在20世纪，世界的观念发生了变迁，人们不再认为科学、政治、哲学和经济学等是具有创造力或者想象力的领域，只有文化领域才能担此重任。文化这个复杂概念的内涵也被大大缩小，在大众认知中缩减为具有人们所认同价值观的艺术和知识生产。随着20世纪末信息社会的到来，文化边界的缩小与想象力、创造力应用的扩大产生了越来越大的矛盾，单独使用"文化"已经不足以总结社会现实。"创意"，因此在21世纪成为重要的关键词。

（一）创意的概念

"创意"是创意产业和创意经济中的核心概念，也是区分创意产业/经济与文化产业/经济不同之处的关键。然而"创意"本身也没有统一的定义，在汉语词典中解释为"创出新意，也指所创出的新意或意境"，是原创观念产生的过程和结果。在英文中creativity则强调"能力"，与人密切相关，被定义成一种人的属性或者能力。根据《大英百科全书》，creativity是指能够创造或以其他方式创造出新事物的能力，无论是解决问题的新方法、新设备，还是新的艺术作品或形式。在这两种语言中，对于创意的界定呈现出完全不同的侧重方向。

从实践观察，不同领域能观察到不同的创意形态，所有领域都依赖技术创新。技术创新贯穿创意各领域始终。在文化领域，创意表现为想象力，也就是产生原创观念，或者用与过去不同的形式与介质来阐释世界。在科学领域，创意表现为好奇心，也就是开展各种实验，并且用新的方式来尝试解决问题。在经济领域，创意表现为能够引导技术、商业和市场等实现创新、争夺竞争优势的过程。创意本身难以与社会经济发展直接挂钩，这个过程需要其他要素参与转化。许焯权教授领衔的团队曾将这四个要素定义为：文化资本、人力资本、社会资本、结构或社会资本。[①]

（二）创意者与创意阶层

创意阶层是由美国学者理查德·佛罗里达（Richard Florida）提出的。他认为就像工业经济时代的产业工人阶层那样，在21世纪的经济和文化生活中会有一个处于支配地位的社会阶层，成为经济和时代增长、变革的巨大推动力。这个阶层的人是专业、科学和艺术工作者，也就是创意阶层。他理解的创意工作包括科学和工程、建筑和设计、教育、艺术、音乐和娱乐等行业。从事上述行业的人之所以具有价值，是由于其创造了新的观念，研发了新的技术，或者制作出新的创意内容。不直接参与创意工作，但为创意工作在商业、金融、法律等专业领域提供服务的专家也属于创意工作者。

创意阶层的体量在世界各国并没有持续的统计数据，根据创意阶层被提出的年代估算，符合创意阶层界定的从业者占当时美国整体劳

---

① 香港特别行政区政府曾在2005年推出《创意指数研究》报告，许焯权在这个报告中提出了创意5C模型。这一模型影响深远，被联合国贸发会议《创意经济报告》等报告多次引用。

动力的约30%，但是收入占了全美薪资的一半，相当于当时美国制造业与服务业薪资的总和。

创意阶层概念的提出，验证了佛罗里达提出的经济增长的"3T"理论，也就是3个由T字母开头的要素：技术（technology）、人才（talent）和包容（tolerance）。与过去的传统理论不同之处在于，3T理论认为，人才能带动经济增长，而包容是能够吸引人才的重要因素。随后，"创意阶层"与"创意城市"在一定意义上成为同义词。

（三）创意城市与元城市

创意概念流行以后，人们根据不同种类的文化活动在成为城市经济和社会运行中不可分割部分，从而生发出了创意城市概念。按照联合国教科文组织的设想，创意城市需要建立在强大的社会和文化基础设施的基础上，有相对高密度的创意职业，并且具有开放性，能够通过良好的文化设施来吸引外来投资。

创意城市的概念是查尔斯·兰德利（Charles Landry）最早提及的。与创意阶层的想法一样，兰德利同样认为人是创意的核心，并且能替代地理位置、自然资源和市场渠道等要素，成为城市活力的关键要素。创意城市在转型地区尤其明显，旧的工业逐渐变成被淘汰的产业，城市增值不通过制造业，而是通过以知识产权为主的创意和知识资本投入到产品、加工和服务过程中。中国东北地区的振兴就验证了这种路径的可行性，黑龙江省哈尔滨市就从老工业基地的代表转变为以冰雪吸引游客的网红旅游目的地。

创意城市一方面充分挖掘自身的文脉传统，同时积极培育自己的创意潜能，借助传统和更新的传媒方式来展示文化遗产，通过表演、视觉艺术等方式向市民、游客和媒体受众展现自己的传统或者新文化。即以文化旅游、节庆活动为主要的表现形式。其中也包括了以更广泛的文化和媒体产业来增加就业岗位，提高城市的收入，并且提高了城市的宜居性，增强了社会的凝聚力与认同感。

创意城市的优秀案例之一是成都：除了传统的农业生产与工业生产，成都市被纳入联合国教科文组织世界美食之都，以美食举世闻名。"大运之城""科幻之都""2万亿城市"都增加了成都的"网红"程度。尤其是"幸福成都"，从2008年开始成都每年都获评"中国最具幸福感城市"。幼有所育、老有颐养、弱有众扶、全龄友好，这是成都的社会氛围。2023年，成都平均每分钟下线1.5万块集成电路，平均每小时诞生70户经营主体，平均每天创造60亿元GDP。同样在2023年，成都有6800千米天府绿道、1500余座公园、8000家咖啡馆、4000家书店、2000家乡村民宿、15万家餐馆、2万家火锅店、1万家茶馆，毫无遮掩地宣告着成都人最舒服的生活态度。

2004年起，联合国教科文组织建立起创意城市网络（UCCN），反映了文化作为经济的一部分发挥社会作用，促进全球可持续发展。创意城市网络的建立，是为了帮助这些已经意识到创意产业在本地的经济和社会发展中起到重要作用的城市，进一步发掘自己的潜力，在世界各地形成创意集群（creative clusters），最大化地发挥创意在发展中的作用。

创意城市网络共分为7个主题，包括文学、电影、音乐、民间手工艺、设计、信息/媒体艺术、美食。截至2023年12月31日，中国有18个城市入选了创意城市网络（见表7-1）。

表7-1　中国城市入选创意城市名录（截至2023年12月31日）

年份	城市	入选类别
2008	深圳	设计之都
2010	成都	美食之都
2010	上海	设计之都
2012	北京	设计之都
2012	杭州	民间手工艺之都
2014	景德镇	民间手工艺之都
2014	苏州	民间手工艺之都
2014	顺德	美食之都
2017	武汉	设计之都
2017	青岛	电影之都
2017	澳门	美食之都
2017	长沙	媒体之都
2019	南京	文学之都
2019	扬州	美食之都
2021	潍坊	民间手工艺之都
2021	淮安	美食之都
2023	重庆	设计之都
2023	潮州	美食之都

如今，另一个概念随着国际形势的剧烈变化而出现，那就是"元城市"（Meta City）。按照过去对创意城市的理解，由疫情引发的居家工作的趋势本应使城市瘫痪，因为城市运转高度依赖由通勤、零售和休闲带来经济效益。但佛罗里达再次指出，数字与虚拟连接替代了物理足迹在城市中的连接，即便是分散在其他地方工作，也变成了城市扩张的一部分。技术和远程工作改变了城市作为生活和工作聚集地的定义，使之转化成为"连接"，他将这种新现象称为"元城市"。

元城市是创意城市的升级，结合了最好的物理集群和最好的数字连接。经济最重要的大城市，也就是集聚了最多的人才、总部和联络中心的城市，仍然可能是元城市。二者之间最大的不同反而来自另一个早已有之的概念"卫星城市"。在佛罗里达看来，元城市实际上是一个城市网络，作为一个独立的单位运作，并且隶属于一个主要城市，而这个城市通常是全球经济中心之一。这一概念与中国的城市群非常相似。元城市中的居民，生活在成本更为低廉的周边地区，但仍然在大城市工作，领着大城市的薪资。这种结构也注定了元城市是一个阶段性概念，一旦到达下一种平衡，元城市可能就会开始衰退并流失人口。换句话说，元城市就是一种新的巨型工作空间。

（四）创意集聚区（园区）

创意集聚区源于外部资源集聚和利润外溢。文化产业发展呈现出显著的集群化趋势。用艾伦·斯科特（Allen Scott）[①]的话说，"通过聚集在一起，企业能够节约彼此之间相互联系的空间距离，获得集中空间的劳动力市场的多重优势，并能利用当前许多不同的、专业的，却相辅相成的制造商聚集所带来的丰富的信息流动和创新潜力"。全球共识是在集聚状态下创造创意产品和服务，能够提高生产效率，推动生产力发展与可持续发展。

这类集聚区或者园区不仅属于城市里我们熟悉的文化产业园，聚集在乡村的手工艺人的集聚区域，或者聚集在小城镇的小微企业、工作室，都属于创意集聚区。

---

① 艾伦·斯科特是美国加州大学地理与公共政策教授。

二、创意产业与创意经济的边界

创意产业、创意经济、文化产业、文化经济等概念从未有过明确的边界。不同的使用者针对各自当下的语境，会对所使用的概念进行临时界定，这些临时界定从未达成书面共识。经历了21世纪以来的现实发展，学界对于联合国系统的界定，以及在中国各界对于有关部门的界定，还是形成了一定的事实共识。

（一）文化产品与服务和创意产品与服务

文化本身没有标准定义的概念，文化学常用的说法是，文化本身就有至少200种不同的定义。所以针对文化产品与服务，很难穷尽举例。不过大家的共识是，能够被界定为"文化"的产品与服务，应该具有文化价值，还应具有一些基本特征：

（1）需要创意投入产品中；

（2）实用功能不是它的全部，需要向消费者传递一定的符号信息；

（3）明确或潜在地含有知识产权的属性（尽管民间文化领域无法直接套用著作权或版权规定）。

文化产品与服务所具有的文化价值，通常不能完全按照货币原则来衡量，这也是实业投资者很难顺利从文化相关产业获利的原因之一。文化活动，以及通过文化活动创造的文化产品与服务的价值，是由创造者和消费者共同来衡量、评定的。其中超越单纯经济价值的元素可能包括美学、身份认同、情绪认同等。但单纯经济价值以外的价值具有流动性，并且难以设立准确的评价指标来衡量和预测。

通常认为，创意产品与服务要大于文化产品与服务，理由是文化产品与服务一定需要创意参与，但创意不光存在于文化领域，在数字技术、工业制造等领域的产品与服务中，同样需要创意参与。

（二）文化产业与创意产业

"文化产业"这个词是在二战以后出现的。针对当时的大众娱乐，法兰克福学派对其进行了激烈批评，代表人物是西奥多·阿多诺（Theodor Adorno）和马克斯·霍克海默（Max Horkheimer）。随后赫伯特·马尔库塞（Herbert Marcuse）等学者也跟进了这场批评。这个概念最初不是作为客观描述而使用，而是出于批判。文化与产业的结合最初是用来批评现代生活的局限性，尤其是后来流行的报纸、杂志、电影、流行音乐等产品。

如今对于"作为产业的文化"仍有不同看法。许多从事艺术创作的人认为"纯艺术"不能与"文化产业"相提并论。不少人认为高雅的、精英的、艺术的内容都不属于"文化产业"，产业只能是大众的、流行的、商业的内容。当前大多人认可的看法是文化产业是一种主要生产文化产品与提供相关服务的产业类型。

在联合国教科文组织的定义中，文化产业是按照工业标准，生产、再生产、储存以及分配文化产品和服务的一系列活动。文化产业连接起无形的文化内容、制造与商品化流程。这些内容通常受著作权法保护并可以采用产品或服务的方式。文化产业在促进和维护文化表现形式多样性过程中起到了核心作用。

在中国，2004年国家统计局会同中央宣传部等部门研究制定《文化及相关产业分类》《文化及相关产业统计指标体系框架》，为中国的文化产业制定了相关的定义，主要使用"文化及相关产业"的概念，简称为"文化产业"。文化及相关产业的定义，是指为社会公众提供文化产品和文化相关产品的生产活动的集合。根据这一定义，其生产活动范围包括两部分：（1）以文化为核心内容，为直接满足人们的精神需要而进行的创作、制造、传播、展示等文化产品（包括货物和服务）的生产活动。具体包括新闻信息服务、内容创作生产、创意设计服务、文化传播渠道、文化投资运营和文化娱乐休闲服务等活动。（2）为实现文化产品的生产活动所需的文化辅助生产和中介服务、文化装备生产和文化消费终端生产（包括制造和销售）等活动。

需要注意的是，在2018年5月，国家统计局和中宣部联合发出了《关于加强和规范文化产业统计工作的通知》，其中专门指出：随着高新科技发展，近年来出现文化创意产业、数字文化产业、数字产业等新概念，从不同角度来表述文化产业或文化产业某种业态。从国家文化产业统计角度，各地区要坚持以文化属性定位定向，继续统一使用文化产业概念，不宜简单以新概念代替文化产业概念、自行扩大统计口径。

与文化产业相比，创意产业是近年来更为广泛在全球使用的概念。最早出现在1994年澳大利亚的报告，1997年，英国政府成立了创意产业专门小组，自此全球都流行使用这一概念。各地对创意产业的理解并不相同，差别主要在于对创意生产过程的结构性特色的解释不同。联合国贸发会议曾经总结出创意产业在全球具有四种基本模式，各国各地区的使用虽然各有侧重，但基本上都可以被分类到这四个基本模式中。

（1）英国文化、媒体与体育部模式。指的是需要创意、技术与天赋，并具有利用知识产权创造财富与就业机会的潜力。通常认为英国避免使用文化而改用创意，是为了避免英国人对文化特指"精英文化"的刻板偏见。

（2）符号文本模式。指的是区别于精英文化的大众流行文化。由于大众流行文化主要通过符号文本或者信息来实现工业化的制造、传播与消费而得名。

（3）同心圆模式。这种模式回到了以文化产业的核心为文化价值的思路，认为创意产业的核心在于以声音、文字与图像方式存在的创意艺术，以同心圆的形式按照与核心创意相关度一层一层向外扩展，从核心的创意艺术，向外扩展为其他文化产业、泛文化产业、相关产业等。

（4）世界知识产权组织版权模式。这一模式下，创意集中体现为知识产权，并纳入制作知识产权和提供产品与服务的行业。一些知识产权内容不多的行业也被纳入部分版权产业中。

联合国贸发会议对创意产业的定义则是：使用创意与智力资本为初级投入的产品与服务创作、制造和销售的循环过程；由一系列以知识为基础的活动构成，不仅侧重于艺术，也从贸易和知识产权中创造潜在收入；既包括有形产品，也包括无形的拥有创意内容、经济价值和市场目标的智力和艺术服务；处于手工艺、服务和产业部门之间的交界处，在世界贸易中构成了一个新的充满活力的领域。

（三）文化经济与创意经济

文化经济这一概念通常在政策领域使用，也被学者和艺术家们用来规避对"产业"这一词语的使用，用以减弱市场和商业痕迹。因此，文化经济通常被用来说明经济学分析方法在所有与文化、创意、艺术相关领域的应用。与文化经济紧密相关的文化经济学，则包含了经济学理论中的新古典主义经济学、福利经济学、公共政策和制度经济学的不同派别，并交叉了文化、技术和贸易及其相关政策。

而创意经济则有更专门的使用场景。联合国2008年开始连续发布的《创意经济报告》就是其中最重要的使用场景之一。2001年，约翰·霍金斯（John Howkins）在书中第一次使用了这个词，并解释说，创意并不陌生，也不是经济词汇，但是在创意的性质、创意与经济之间的关系以及二者如何联合创造非凡的价值和财富问题上，创意是个新问题。他所说的"创意经济"涵盖了15个创意产业门类，包括艺术、广义的科技等。联合国贸发会议所采用的这一概念有他们的界定，即创意经济是一个不断演进中的概念。概念的基础是创意资产拥有增进经济成长和发展的潜能。创意经济可以增加收入、就业和进出口收益，同时促进社会包容、文化表现形式多样性和人类发展。创意经济包括了经济、文化和社会方面与技术、知识产权和旅游目标之间的互动；它是一系列以知识为基础的经济活动，具有发展维度，并与整体经济在宏观和微观层面上有交叉联系。创意经济是一个可行的发展方案，要求创新的、多领域的政策回应和各部门的协调行动。尤为重要的是，创意经济的核心是创意产业。

经由联合国贸发会议和联合国教科文组织的倡导，尤其是联合国贸发会议主导的"圣保罗共识"，以及联合国教科文组织在2005年通过的《保护与促进文化表现形式多样性公约》（中国亦批准并加入该公约），创意经济这一概念在中国虽然并未被官方接受，但在多数发展中国家成为一项议题。发展中国家的创意经济，旨在协调国家的文化目标、技术和国际贸易政策，解决发展中国家创意产业增长的不均衡问题，加强投资、技术、创业和贸易之间所谓的创意纽带，并为创新政策提出回应。在2016年1月1日，联合国"2030可持续发展议程"（2030 Agenda）正式实施，其中第一次提到文化与创意在促进全球可持续发展中的重要作用。这一事件被认为是联合国系统多年来持续推动创意经济发展取得的阶段性成果。

三、影响创意产业与创意经济发展趋势的几个要素

讨论创意产业与创意经济时，对于驱动他们发展的要素，以及他们发展的影响，都与过去传统意义上的文化产业不同。影响创意产业及创意经济发展的动力变为了技术与经济因素，而创意产业与创意经济的发展，则会在经济、社会、文化等领域都持续产生影响。

（一）驱动创意产业与创意经济发展的核心要素

1.技术进步是推动创意产业和创意经济发展的关键驱动力，促进了创意内容的广泛传播和文化生产方式的革新

媒体和通信技术在21世纪的爆发式增长是最主要的原因。过去稳固的文化生产方式从内容生产、流通到消费都发生了剧烈的变化。技术升级打破文化领域垄断性生产，私营部门快速增长，并带来前所未有的活力。隶属于文化精英的生产方式下沉，创意生产者从身份到规模都发生了极大的扩张。这一切孕育和催生了创意产业和创意经济的蓬勃发展。在21世纪初，亚洲多个国家和地区的游戏、动画和影视成为出口强劲、受益颇多的产品。中国如今文化走出去的网络小说、短

视频、线上影视剧、游戏出海也是受益于技术的进步。

21世纪以来，数字和互联网技术的发展大大提高了创意内容传达给消费者的效率。在线流媒体平台、短视频平台、网络游戏、数字音乐、数字艺术，甚至网络购物和网络营销，都是媒体介质的扩展。发行渠道的增加不仅打破过去少数平台的垄断，也刺激了需求和生产的增加。表现力和对经济价值的考量成为文化产品吸引注意力的更为重要的要素。文化生产者从专业人士越来越向普通人倾斜，用户自创内容越来越多、越来越好、越来越"专业"。

从这个立场来看创意概念本身，能够体会到概念的延展。从狭义的仅仅关于科技的词汇，变为更宽泛的鼓励创意在经济中发挥作用的概念。最典型的"文创"这一概念，原本是"文化创意"的简称，如今在中文语境里已经比较远离数字和网络技术，而是衍生出优秀传统文化创造性转化与创新性发展的主导含义。

2.需求是创意经济发展的直接引擎

随着多年来以制造业为主的经济发展，工业国家收入大幅增加，而生产制造的成本在逐渐降低，这些都提高了对具有文化与创意附加值产品的消费需求。

3.旅游业通过提升文化遗产、节庆活动及现场表演的价值，成为创意产业与创意经济发展的重要驱动力，同时面临着保护与发展之间的平衡挑战

旅游业是创意产业与创意经济发展的直接手段，尤其是针对非制造业地区来说，旅游业成为其发展弯道超车的重要推动力。在联合国2030可持续发展议程正式实施4年后，笔者发现，认为文化在经济社会发展中起到重要作用的国家和地区，几乎都是旅游业发达的国家和地区。

文化对旅游业的贡献主要在于参观文化遗产、博物馆和美术馆、节庆活动等，也包括音乐、舞蹈、戏剧和现场表演等。联合国教科文组织推出的世界遗产名录对这种消费方式提供了极大的认证和推动作用。截至2024年2月，世界遗产委员会共认定了具有突出价值的1199处文化及自然遗产地，其中中国一共有57处文化与自然遗产，这一数量在国际上居于前列。当然，近年来，围绕着世界遗产、非物质文化遗产与旅游业发展的冲突和争论一直存在，很多人担心游客太多导致这些原本就脆弱珍贵的遗产项目遭到破坏。为了解决这一问题，包括联合国教科文组织、世界旅游组织、联合国贸发会议在内的国际组织和多国、多地区政府和相关政府、非政府组织都在积极从政策、技术、商业等多种渠道发力解决。尤其是各种保护技术被广泛应用到遗产的保护与展示中。

（二）创意经济的多重影响维度

随着联合国2030可持续发展议程的启动和实施，文化与创意促进全球可持续发展已经越来越成为全球共识。创意经济对于经济、社会与文化发展的推动作用也成为讨论越来越多的话题。

1.联合国贸发会议通过定期发布《创意经济报告》和《创意经济展望》等报告，成为推动和评估全球创意经济发展的关键机构，尽管其统计方法和指标面临线上交易增加和产品分类难度等挑战

联合国贸发会议是最重要的主张创意经济通过对外贸易实现经济价值的实践者。他们通过每两年一次的《创意经济报告》和《创意经济展望》等报告，定期公布根据他们的统计口径评估的创意经济在全球的发展状况。不过，随着线上交易比例不断增加，越来越多的内容难以被原有的统计口径观察到。同时，贸发会议统计指标里对工业产品和珠宝代工的区分标准也一直受到中国和印度研究者的诟病，因为按照当前标准，中国的对外文化产品和服务的贸易产值早在21世纪初就远远超过发达经济体，难以令人信服。

2.创意经济提供知识密集型和劳动密集型的多层次就业机会，特别是对妇女与青年，促进了社会公平和经济多样性，同时通过文化与教育的结合加深了社会和创意之间的联系

对社会的推动作用主要来自创意经济对就业的促进。作为兼具知识密集型和劳动密集型的产业，创意经济的发展带来了多层次的就业机会。最值得关注的是过去就业率偏低的两个群体妇女与青年，在创意经济领域占有各自的空间。在中国，能够观察到乡村妇女通过创意产业如旅游业接待和传统手工艺的创造性转化与创新性发展，获得了较为灵活的就业机会，取得正式岗位或者计件加工收入，不仅补贴了家用，还提高了女性的家庭地位。联合国发布报告称创意经济对全球国内生产总值的贡献率略高于6.1%，平均占全球国民生产总值的2%—8%。不过这种数据难以解决各国对于产业的定义和统计口径的差异，实际上不具可比价值。尤其是许多传统经济部门里并不纳入就业统计的个体艺术家和创意人士，也因为创意经济被视为从业人员。创意产业中的参与者所具有的文化使命感和参与感，也使创意经济的从业者比起常规职业来说具有更多的满足感和成就感，这种感觉是很难直接用收入来衡量的。

创意经济也促进了文化与教育的结合。有一些文化保护措施，看上去跟创意产业无关，如文化艺术进校园、进社区等，却是在创意经济发展中以教育方式增进对社会和创意之间的连接。从长远来看，这

不仅能使文化传承发展后继有人，提高社会整体认知度，还能对整体
人口的文化意识提升有所助益。

3.文化活动不仅增强了经济的广度和深度，还通过强调创意产品
的独特性和个性化，提升了文化价值，显示出创意经济在政策适应性
和促进文化多样性方面的独特优势

文化活动提升了经济和文化价值，这里的"文化价值"不是同义
反复，而是强调了文化创意产品的独特性、个性化和定制化等新特征。
文化价值是创意经济不同于一般经济活动的部分。从政策角度来说，
创意产业作为社会的文化目标的功能与政府的目标一致，因此具有极
好的政策适应性。

4.创意经济通过促进文化资源的可持续性和创造性转化，以及实
施低碳发展的文化政策，与联合国2030可持续发展议程紧密相连，展
现了其在支持环境保护和文化可持续发展方面的重要作用

正如前面已经介绍过的创意经济与联合国2030可持续发展议程之
间的密切联系，那些有形的和无形的文化资源，都和自然资源、生态
系统一样，必须考虑可延续性，最终服务于人类的生存与发展。除了
全球可持续发展，文化自身也需要有可持续性，这意味着需要维护不
同品类的文化资源的发展过程，包括并且不限于各种民族语言、传统
仪式、艺术品、手工艺品、古建筑和遗址等。全球经验已经证明，创
意产业和创意经济能够为文化的可持续发展道路提供必要的服务与投
资，有助于全球各民族优秀传统文化的创造性转化与创新性发展。

同时，创意产业本身属于低碳发展的绿色环保行业，较少利用重
污染的基础设施，而增进创意能力的各种文化政策在原则上也与环境
保护的目标一致。

第8讲　版权经济：法治助力下的可持续发展

王　扬[①]

▪导读

　　版权本是法律意义的概念，但既有文化属性，又有经济属性，由此产生版权产业和版权经济概念。版权是知识产权的组成部分、文化的基础资源，版权产业和版权经济发展是文化经济发展的重要体现，能够为国民经济发展作出重要贡献。在加快构建新发展格局以及建设创新型国家和文化强国进程中，版权产业与版权经济的地位与作用越发显著。

一、版权产业的相关概念

（一）什么是版权

　　版权是一种法律权利，南宋王称的《东都事略》一书有一段牌记"眉山程舍人宅刊行，已申上司，不许覆板"，这是迄今为止发现的世界上最早的版权声明。1709年英国的《安娜法》（Statute of Anne），被认为是世界上第一部版权法，是第一次承认作者享有版权并将其作为个人权利和产权权利的法律。清政府颁布的《大清著作权律》是中国

---

　　①　王扬，中国新闻出版研究院副编审，工程研发中心副主任。

历史上第一部著作权法，此后，在典籍刊刻、图书出版、艺术创作过程中尊重版权、保护版权成为文化传播、文明传承的制度传统。

版权的本义是指作者对其创作的文学、艺术和科学作品依法享有的专有权利。版权依附于作品存在，没有作品，也就无所谓版权。《中华人民共和国著作权法》第3条将作品定义为"文学、艺术和科学领域内具有独创性并能以一定形式表现的智力成果"。在我国，著作权即版权。1990年的《中华人民共和国著作权法》第51条认为："本法所称的著作权与版权系同义语。"2021年新修正的《中华人民共和国著作权法》也在附则中规定："本法所称的著作权即版权。"

（二）什么是版权产业

版权产业的概念最早由美国提出。美国从1937年开始实行标准产业分类体系（SIC）。1959年，美国发表《美国版权产业的规模》研究报告，开始关注版权产业的发展，到了1977年将版权产业纳入标准产业分类体系（SIC），确立了版权产业在美国国民经济中的独立产业地位。1990年，美国国际知识产权联盟（International Intellectual Property Alliance，IIPA）开始利用"版权产业"的概念来计算这一特定产业对美国整体经济的贡献，首次发表《美国经济中的版权产业》，1992年9月又发表《美国经济中的版权产业：1977—1990年》，此后平均每一两年发表美国版权产业系列报告。在报告中，美国国际知识产权联盟将版权产业分为四类：核心版权产业、部分版权产业、发行类版权产业、版权关联产业。2002年，世界知识产权组织（WIPO）吸收美国国际知识产权联盟的版权产业分类法，将版权产业分为四类：核心版权产业、相互依存的版权产业、部分版权产业、非专用支持产业。

核心版权产业是完全从事作品及其他受保护客体的创作、制作（制造）、表演、广播、传播（展览）或销售（发行）的产业，包括9个产业组：文字作品，音乐、戏剧制作、曲艺、舞蹈和杂技，电影和影带，广播和电视，摄影，软件和数据库，美术与建筑设计、图形与模型作品，广告服务，版权集体管理与服务。

相互依存的版权产业是从事制作、制造和销售其功能完全或主要是为作品及其他受版权保护客体的创作、制作和使用提供便利的设备的产业，包括7个产业组：电视机、收音机、录像机、CD播放机、DVD播放机、磁带播放机、电子游戏设备以及其他类似设备，计算机和有关设备，乐器，照相和电影摄影器材，复印机，空白录音介质，纸张。

部分版权产业是部分活动与作品或其他受版权保护客体相关的产业，包括10个产业组：服装、纺织品与制鞋，珠宝和硬币，其他手工艺品，家具，家庭用品、陶瓷和玻璃，墙纸与地毯，玩具与游戏用品，建筑、工程、调查，内部装修设计，博物馆。非专用支持产业是部分活动与促进作品及其他版权保护客体的广播、传播、发行或销售相关且这些活动没有被纳入核心版权产业的产业。这些产业计量的是远离核心版权产业的溢出效果，它们的职能是版权产业与其他产业共享的。

非专用支持产业包括3个产业组：一般批发和零售产业、一般运输产业、电话和互联网产业。

（三）什么是版权经济

根据我国《著作权法》的规定，著作财产权包括复制权、发行权、出租权、展览权、表演权、放映权、广播权、信息网络传播权、摄制权、改编权、翻译权、汇编权，以及应当由著作权人享有的其他权利。刘春田将财产权形式的版权称为著作财产权，认为其为"著作权人基于对作品的利用给其带来的财产收益权"[1]。由于版权具有财产权属性，能为权利人带来持续的经济收益，因此版权既有文化属性，也有经济属性。版权经济内涵可以从以下几个方面来认识。

第一，版权经济的基础是版权作为要素的经济性。知识、技术、管理既是发展经济、社会文化的要素，也是创造精神财富和物质财富的源泉。从经济学视角看，版权是一种知识要素，是知识经济条件下可以直接转化为生产力的一种重要资源，是人类创造性劳动所创造的智力成果或智慧成果的核心构成要素。版权经济是把这种智力成果转化为人类共同的财富的概念[2]，转化的方式往往是智力成果以版权形式交易而产生经济价值。如何能让版权更好地流通、转化、应用，为产业的发展和经济活动提供支持，是版权经济的一个核心问题。

第二，版权经济有四个方面的特点。一是原创性，版权具有原创性，版权经济是创新经济，是把精神创造转化为物质产品或精神产品的过程；二是知识性，版权经济是知识形态物化的产业链条，它以知识为核心获得市场价值和社会价值；三是包容性，版权有广泛的包容性、延展性，它包括了文字作品，口述作品，音乐、戏剧、曲艺、舞蹈、杂技艺术作品，美术、建筑作品，摄影作品，视听作品，图形作品、模型作品，计算机软件和符合作品特征的其他智力成果9个类型，

---

[1]　刘春田主编.知识产权法［M］.北京：中国人民大学出版社，2007：93.

[2]　清华大学新闻传播学院院长、中国出版协会原理事长柳斌杰在2020中国国际版权服务大会上就"中国未来版权经济"主题发表演讲。

涉及文化、科学、艺术、设计、建筑等诸多领域；四是国际性，版权是人类文明的成果，必须用国际化的版权标准来衡量版权产业，为世界版权贸易奠定良好基础，推动人类文明创造者发挥创造力，促进人类文明交流互鉴和跨文化对话。

第三，版权经济是一种新经济形态，其核心是创意创新，关键是创造。创意的质量决定了版权经济的质量和市场价值，而创造是将新观念、新理念等创意落实到产品形态的关键步骤。只有把这些创意转化出来落实到以技术为支撑、以物质为载体的产品和平台上，才能实现它的市场价值，版权经济才能正常发展。

（四）版权产业与文化产业

版权产业与文化产业有所不同但又息息相关。联合国教育、科学及文化组织（UNESCO）对"文化产业"进行了定义，认为文化产业是按照标准化流程来生产、存储、流通以及分配文化产品及服务的系列经济活动。严格地讲，版权产业与文化产业在产业分类上并非一一对应的关系，但它们的核心产业基本一致，且在商业和法律上具有近似的对应意义。美国、加拿大、澳大利亚、俄罗斯、乌克兰、荷兰、匈牙利、新加坡等国家，从文化产品具有知识产权的角度将文化产业归入为版权产业。

我国版权产业概念和界定脱胎于世界知识产权组织的分类标准，而我国文化产业有其特定的概念和界定。国家统计局《文化及相关产业分类（2018）》对文化产业有明确的定义，即文化产业是指为社会公众提供文化产品和文化相关产品的生产活动的集合，涵盖文化艺术、新闻出版、广播影视、网络文化等领域。版权产业与文化产业称谓不同，各有各的出发点与侧重点，也各有各的作用与意义。但主体内容类似，外延范围存在着近似或相同、交叉或覆盖的关系。文化产业需要借助于各种媒体向大众传播，而以法律为基础的版权制度为其传播与创新提供了合法的保护。新闻出版、广播影视、文学艺术、文化创意、广告设计、计算机软件、信息网络等相关产业的创新和发展如果没有版权保护的制度支撑，就会成为无源之水、无本之木，缺少产业生存发展的基础。

英国学者霍金斯认为，版权是文化产业可流通的货币。因此，在研究和实践中，不能把版权产业和文化产业分离开，而要重视版权对文化产业发展的推动作用。版权产业是文化产业创新发展的重要体现，版权经济是文化经济的另一种形态。

二、持续发展的版权产业与版权经济

（一）国外版权产业与版权经济发展

版权作为知识产权三大传统支柱之一，其对世界各国国民经济的影响不容小觑。国际作者和作曲者协会联合会（CISAC）2023年10月发布《2023全球版权收入报告》称，2022年，全球创作者版税收入达121亿欧元，创历史新高，较上年增长26.7%，实现了全面的复苏。2023年，世界知识产权组织发布数据显示，在数字化时代，以版权为核心的文化和创意产业与数字技术深度融合，已成为全球经济中最有活力的亮点。2022年，文化和创意产业已占全球经济产值的3.1%，全球就业的6.2%。美国、韩国等国版权产业表现占据领先地位，中国版权产业表现同样突出。本节简述美国、韩国、英国版权产业发展特点，旨在总结国外经验，进一步推进我国版权产业发展进程。

1.美国

美国的版权产业虽然起步较晚，但发展迅速，版权产业一直位于世界前列且在其国家经济中占据重要地位，是国家经济增长的动因及国民经济的支柱。国际知识产权联盟（IIPA）发布的《美国经济中的版权产业：2022年报告》显示，2021年，美国版权产业增加值为29291.5亿美元，占全美GDP比重为12.52%，实际增长速度为10.48%。其中，核心版权产业的产业增加值为18102.5亿美元，占全美GDP的7.76%，实际增长速度为12.96%。

美国版权产业发展突出特点是电影、电视行业对于国民经济具有相当大的贡献。2022年《阿凡达：水之道》一部影片实现净利润5.31亿美元。好莱坞电影不仅在票房上取得了巨大成功，还通过海外发行和版权销售赚取了大量收入。例如，迪士尼公司的电影在全球范围内都受到热烈欢迎，票房收入和衍生品销售额都非常可观。除了好莱坞电影，美国的电视剧也在全球取得了广泛的认可。《权力的游戏》《绝命毒师》等作品风靡全球，受到了全球观众的关注。

好莱坞电影的蓬勃发展与美国完善的法律制度、良好的融资环境、灵活的投融资模式密不可分，同时美国十分重视科技技术与版权产业的融合，充分将互联网信息传播、数字化、云计算等技术广泛应用于版权产业。因此，近年来，虽然经济发展水平逐年下滑，美国版权经济发展水平并未随着经济水平的下降而下滑。

2.韩国

近年来，韩国版权产业一直稳定发展。版权产业对韩国经济的贡献在各个行业之中居于第三。[①]2019年，韩国版权产业总产值达37万亿韩元，核心版权产业的产值达153万亿韩元，从2012年到2016年都保持着稳健增长。另外，2020年韩国文化产业的出口额已经超过100亿美元，其中主要依靠游戏、出版、卡通等领域的发展。

韩国十分重视版权保护，从1987年起，韩国国家版权局就制定了版权政策，到现在，韩国版权相关的司法部门细分了版权政策科、版权保护科、版权产业科三个部门，同时特设版权司法警察，在司法与执法层面分工明确细致。此外，韩国有两个权威的版权保护公共机构，即韩国版权委员会（KCC）与韩国音乐著作权协会（KOMCA）。

韩国影视文化对外输出较为广泛，其中韩剧、综艺等制作形式、内容经常被模仿，非法复制和流通成为其内容输出的阻碍。为保证韩国文化对外输出的质量和经济效益，保护海外版权逐渐受到韩国政府的重视。为了保护海外版权的合法运用，韩国政府设立海外版权保护中心，投入充足的预算，应对海外版权侵害行为，提供法律法规的支持。

在版权制度保护和"文化立国"的战略下，韩国的音乐、电视剧、综艺等文娱产业得到了快速发展。

3.英国

英国的版权产业通常又称创意产业，2001年英国出台的《创意产业路径文件》将其定义为源自个人创意及通过知识产权创造财富和就业的产业。英国是世界上第一个提出"创意产业"概念的国家，也是第一个运用政策推动创意产业发展的国家。文化创意产业在英国起着

---

① 引自韩国文化体育观光部著作权局副处长 Hye-Yeon Choi 在21世纪版权促进文化创意国际论坛的发言。

推动经济增长的举足轻重的作用。

英国政府2018年公布的数据显示，在17个工作岗位中，就有1个是从事创意产业的，在英国大概有200万人在创意行业中工作。例如，世界上很多新的大片拍摄后，都是在英国进行后期制作，大概21%的全球电影总收入是由英国电影贡献的。在音乐方面，虽然英国的人口只占世界人口的1%，但其音乐市场份额却占据13%，如埃尔顿·约翰、阿黛尔等都是世界上非常受欢迎的优秀歌手，其唱片销量巨大，也创造出可观的经济价值。英国创意产业对全球做出的突出贡献，得益于英国所采取的扶持政策，如税收激励机制，可以吸引对于创意产业的投资。英国政府对图书、期刊、报纸不征收增值税，对大学出版社提供一系列免税的优惠政策，对文化产业实施出口退税政策。这些政策极大地促进了英国文化产业的发展。

（二）我国版权产业与版权经济发展

我国版权产业起步较晚，属于新兴产业，但近几年成长速度很快，成绩显著，产业规模不断扩大，对国民经济的贡献逐年增大，在推动我国经济健康发展中发挥了积极作用。

1.版权产业政策体系逐步完善

我国著作权法颁布于1990年，至今三十多年间，我国版权产业由弱变强，版权制度从无到有。尤其是党的十八大以来，党中央高度重视知识产权工作，走上了高质量发展之路。习近平总书记多次强调："保护知识产权就是保护创新"，"加强知识产权保护是完善产权保护制度最重要的内容"。在国家政策的支持下，我国已初步建成了覆盖版权产业主要领域、主要环节的中央和地方各层级的产业政策体系。

我国先后共颁布了版权产业相关法律1部、条例6部，以及部门规章9个和规范性文件44个，并先后加入了《伯尔尼公约》《马拉喀什条约》等国际版权条约，形成了较为完备的既符合中国国情又与国际规则相衔接的版权法律体系，整体保护水平达到国际通行标准。2020年11月11日，第十三届全国人大常委会第二十三次会议审议通过《全国人民代表大会常务委员会关于修改〈中华人民共和国著作权法〉的决定》，自2021年6月1日起施行，这是我国著作权法的第三次修正。国家版权局还印发了《正版软件管理工作指南》《关于加强网络文学作品版权管理的通知》《关于规范电子版作品登记证书的通知》《关于依法加强对境外著作权认证机构常驻中国代表机构管理的意见》《关于规范摄影作品版权秩序的通知》《关于进一步做好著作权行政执法证据审查和认定工作的通知》等规范性文件。

2021年4月，文化和旅游部关于印发《"十四五"文化和旅游发展规划》，明确提出"加强版权保护和运用"。2021年9月，为统筹推进知识产权强国建设，全面提升知识产权创造、运用、保护、管理和服务水平，充分发挥知识产权制度在社会主义现代化建设中的重要作用，中共中央、国务院印发《知识产权强国建设纲要（2021—2035年）》，指出要全面提升知识产权创造、运用、保护、管理和服务水平，充分发挥知识产权制度在社会主义现代化建设中的重要作用。按照该纲要总体目标和要求，2021年12月29日，国家版权局印发《版权工作"十四五"规划》，对我国"十四五"时期版权工作发展做出了全面的安排部署。在完善的政策体系支撑下，我国版权产业加速发展。

2.版权产业社会服务效能显著增强

2024年2月，国家版权局发布关于2023年全国著作权登记情况的通报。其中，2023年全国著作权登记总量达8923901件，同比增长40.46%。从作品类型看，登记量最多的是美术作品3296437件，占登记总量的51.28%；第二是摄影作品2501968件，占登记总量的38.92%；第三是文字作品329128件，占登记总量的5.12%；第四是影视作品118544件，占登记总量的1.84%。以上类型的作品著作权登记量占登记总量的97.17%。著作权登记工作是版权公共服务体系的重要组成部分，对鼓励文化创新、积累文化资源、促进文化发展繁荣具有重要意义。著作权登记数量的大幅增长，充分反映出社会公众版权意识的不断加强，同时表明版权相关企业对加大版权保护、版权运用和版权管理的需求日益强烈。

此外，为推动版权更好地为经济、文化、科技和社会发展服务，国家版权局自2009年开始持续推动全国版权示范创建工作。截至2023年11月，国家版权局已授予全国版权示范城市18个、全国版权示范单位304个、全国版权示范园区（基地）85个，批准设立18家国家版权交易中心和贸易基地，集版权评估、质押、投融资、交易于一体的版权交易平台陆续建立，深圳前海、上海浦东和四川天府新区已设立国家版权创新发展基地，有效带动了我国各地版权创作、保护、管理、服务和运用水平的提升，促进版权成果的转化和运用，推动版权产业快速发展。

3. 版权产业的经济贡献稳步上升

2003年，世界知识产权组织（WIPO）出版《版权产业的经济贡献调研指南》；2015年，世界知识产权组织再次编辑出版了《版权产业经济贡献调研指南（2015年修订版）》。关于版权产业对经济的贡献，《版权产业经济贡献调研指南》沿用各国调查经验，从三个主要指标进行测量：作为GDP一部分的版权产业规模、就业率、外贸（即进口与出口份额）。据WIPO统计，世界上已有中国、美国、澳大利亚、加拿大、韩国、新加坡、泰国、不丹等四十多个国家和地区按照WIPO《版权产业的经济贡献调研指南》的方法开展了版权产业经济贡献调研。

我国没有将版权产业列入国民经济行业分类，但是在研究和国际合作中常使用版权产业相关概念。2007年，国家版权局与世界知识产权组织合作开展了首次"中国版权相关产业的经济贡献调研"项目。该项目由中国新闻出版研究院历时3年调研完成，调研显示，2006年度，我国版权相关产业行业增加值1.35万亿元人民币，占全国GDP的6.4%；核心版权产业行业增加值6472亿元人民币，占当年GDP的3.1%。我国版权产业发展初具规模，在推动经济发展、促进社会就业、扩大对外开放方面作出了重要贡献。

近年来，版权产业高速发展，根据中国新闻出版研究院发布"中国版权相关产业的经济贡献调研"数据显示，从2012年至2022年，中国版权产业的行业增加值从3.57万亿元人民币增长至8.97万亿元人民币，占GDP的比重从6.87%上升至7.41%，提高0.54个百分点。其中，核心版权产业的行业增加值从2.06万亿元人民币增长至5.66万亿元人民币，占GDP的比重从3.97%上升至4.68%，提高0.71个百分点，软件和信息技术服务、电子信息制造、数字出版、广播电视等新业态发展状况良好，持续发挥对版权产业经济贡献的拉动作用，是引领版权产业高质量发展的"主力军"。

2022年，中国版权产业的城镇单位就业人数为1600.05万人，占全国城镇单位就业总人数的比重为9.58%，同比提高0.08个百分点。中国版权产业对外贸易以进促稳，对巩固外贸外资基本盘具有重要意义。2022年，中国版权产业商品出口额为4638.75亿美元（见表8-1），同比增长1.37%，占全国商品出口总额的比重为13.03%，连续多年在全国商品出口总额中的比重稳定在11%以上。

表8-1　2006—2022年我国版权产业经济贡献率情况

年份	我国版权产业行业增加值（万亿元人民币）	所占GDP比重	就业人数（万人）	商品出口额（亿美元）
2006	1.35	6.39%	762.92	1492.62
2007	1.86	6.53%	903.67	2157.34
2008	1.96	6.51%	946.57	2283.76
2009	2.23	6.55%	991.40	2103.17
2010	2.64	6.57%	1041.54	2662.96
2011	3.15	6.67%	1178.62	2859.62
2012	3.57	6.87%	1246.48	2960.03
2013	4.27	7.27%	1643.81	2912.34
2014	4.63	7.28%	1664.71	2944.92
2015	5.01	7.30%	1666.90	2633.36
2016	5.46	7.33%	1672.45	2416.74
2017	6.08	7.35%	1673.45	2647.73
2018	6.63	7.37%	1645.53	2797.59
2019	7.32	7.39%	1628.60	3653.30
2020	7.32	7.39%	1616.52	3887.25
2021	8.48	7.41%	1617.19	4576.10
2022	8.97	7.41%	1600.05	4638.75

注：根据国家版权局发布数据整理，年份是指数据发生年份。

4.数字版权产业发展成为新亮点

近年来，随着数字技术和网络技术的迅猛发展及广泛运用，人们通过网络和各类数字媒体获取信息、分享内容已经成为日常生活的一部分，包括新闻出版、广播影视、广告设计、音乐动漫等在内的版权产业向网络迁移的趋势非常明显。2022年，中央出台《关于推进实施国家文化数字化战略的意见》，从建设版权保护平台、加强版权登记监管、完善知识产权法院跨区域管辖制度等多方面为数字版权保护工作提供指引。

《中国网络版权产业发展报告（2021）》显示，2021年中国网络版权产业市场规模达14009.6亿元，较2020年增长18.3%，其中用户付费规模6265.4亿元，占比44.7%。网络新闻媒体、网络游戏、网络动漫、网络音乐、网络直播、网络短视频、XR元宇宙等数字技术推动下的新兴业态发展迅猛。数字版权产业正逐渐成为数字经济发展的重要阵地，成为推动文化创新和科技创造的重要力量。

随着人工智能、区块链、元宇宙等新一代数字技术的日趋完善，数字内容、数字资产将是未来人类财富存在的主要方式，数字版权作为一项财产性权利，将在人类财富中占据重要份额，对社会经济产生深远影响。[①]人工智能等数字技术和其产物都是与版权紧密相关的产业，数字版权产业快速发展的同时也对数字内容版权保护提出了新要求、新挑战、新思考。

三、我国版权产业发展问题及建议

虽然近年来我国版权产业发展取得了不俗的成绩，但是要实现版权大国向版权强国转变并非一蹴而就，尤其是进入数字经济时代，版

---

① 中国人民大学知识产权学院副院长郭禾在2023数字版权保护与发展论坛上的发言。

权产业发展面临许多新问题亟待解决。

（一）我国版权产业发展的主要问题与瓶颈

1.版权侵权呈现新特点，知识产权保护工作难度加大

版权产业属于智力密集型产业，只有对版权内容实施充分的知识产权保护才能保护创作者的创作意愿，保证版权企业的投资回报，保障我国版权产业的可持续发展。近年来，我国的版权保护工作取得一定成绩，但是客观地说还有许多新问题亟待解决，版权领域的法律制度建设还有待加强。尤其是数字经济时代，网络版权侵权呈现新的特点。侵权行为的实施更加简单易行，成本更低；侵权范围更加广泛，传播速度更快；侵权行为责任主体众多；侵权案件取证更加困难；侵权案件呈现高度专业性和技术性等。同时，新兴技术特别是人工智能技术应用的广泛普及，出现了版权归属以及创作主体之间、创作者和传播者之间的利益划分等问题，增加了版权保护工作难度。

2.我国版权经济贡献与发达国家之间存在一定差距

版权产业经济贡献调研较好地揭示了各国版权产业在整个社会经济发展中的重要作用，为各国版权产业的研究与发展打下了坚实基础。通过中外版权产业经济贡献的比较研究发现，尽管我国版权产业的经济贡献处于世界平均水平之上，但与美国、韩国、澳大利亚等部分发达国家相比仍有一定差距。

3.版权产业发展所需的高素质专业人才相对匮乏

版权产业属于智力密集型产业，其发展的核心要素就是创新人才的创造力，因此版权产业对从业人才的素质要求较高。我国目前比较缺乏极富创造力的创意人才，高质量文化产品制作人才，以及深谙国

内外版权市场竞争之道的版权企业经营和营销人才。这背后的原因既有我国高校版权人才培养课程体系基本都侧重于知识产权法律制度的掌握，不能满足版权产业实操及创新人才培养要求，同时也有对版权人才培养的重视不够，一定程度上影响了我国版权产业人才素养的提高。

（二）我国版权产业发展对策及建议

1.深入挖掘版权资源，提高版权产业创新能力，扩大版权产业整体规模

我国地域广阔，历史悠久，拥有丰富的历史文化资源，为我国版权产业的发展提供了丰富的素材与广阔的空间。版权资源的挖掘可以充分利用区域特色与优势，培育地区特色版权产业，将资源优势转化为经济优势，扩大我国版权产业整体规模与经济效益。针对我国版权产业劳动生产率与产品附加值较低的现状，关键在于提升版权产业的创新能力，形成新动能新业态，优化版权产业结构，实现版权产业转型升级与高质量发展。

2.充分运用数字技术加强版权保护，完善数字版权保护体系

数字经济的发展，为版权保护带来了新的挑战，但同时也带来了新的技术保护手段。相关版权机构可以依托大数据、区块链、人工智能等新兴技术开展数字化作品存证、版权监测认证等，及时处理侵权行为，探索人工智能监管和保护规则，规范数字版权的标准，更好地去适应新的社会网络规则及环境，在立法层面予以支撑，加快完善数字版权保护法律框架。

3.构建版权人才综合培养体系，培养高素质版权专业人才

人才是第一资源，任何一个产业的发展都离不开人才这一最活跃

的因素，因此国家应加大重视版权产业专业人才的培养，制订并不断完善行之有效的版权人才培养方案；地方政府应积极开展版权产业人才培养基地试点工作，为版权产业发展提供大量专业人才。版权兼具理论性和实践性，因此，高校、科研机构须充分运用协同培养理念，组织各项人才培养要素，促进教育模式创新，实现立体化的版权专业人才培养目标。

四、结语

随着经济全球化和知识经济的深入发展，版权已经成为重要的生产要素和财富资源，在促进经济发展中发挥着日益关键的作用。文化产业的发展很大程度上依赖并取决于版权创造、保护和运用的水平，越来越多的影视、音乐、文学企业通过版权资源的运营和保护来获得收益，越来越多的权利人也因此获得作品的报酬，特别是优质版权受到资本青睐，版权资源的价值日益凸显。版权产业与版权经济的繁荣发展为文化经济、社会生活带来了持续不断的活力源泉。

第三部分

政策助力文化经济发展

第9讲　文化财政政策：推动文化经济发展的重要政策支柱

崔志娟[①]

▌导读

　　以财领政，以财辅政。文化财政政策是推动文化经济发展的重要政策支柱。本讲主要介绍文化财政政策的内涵与作用，阐述文化财政政策推动文化经济发展的基本形式。随着财政体制改革和公共文化服务高质量发展的推进，文化财政政策在这一阶段的重要关注点有哪些，以期促进我国公共服务均等化和推动中国式现代化建设，对此做出相应分析。

一、什么是文化财政政策？

　　文化财政政策是财政政策的重要组成部分。要理解文化财政政策概念，需要结合文化体制改革展开讲述。2007年，党的十七大报告提出，"深化文化体制改革，完善扶持公益性文化事业、发展文化产业、鼓励文化创新的政策，营造有利于出精品、出人才、出效益的环境"。繁荣社会主义文化，要"始终把社会效益放在首位，做到经济效益与

---

　　①　崔志娟，北京国家会计学院教授，数字化审计与风险管理中心主任。

社会效益相统一"。为此，财政政策作为文化事业和文化产业发展的保障机制，是界定文化财政政策内涵的根本。基于此，下面就文化财政政策的内涵进行剖析。

（一）文化财政政策是财政政策的组成部分

财政政策作为一种宏观经济政策，是实现国家社会经济发展目标的主要手段。财政政策指的是国家或政府以特定的财政理论为依据，运用各种财政工具以达到财政目标的经济政策，是政府宏观经济政策的重要组成部分，其制定和实施过程也是国家实施财政宏观调控的过程。

文化财政政策是财政政策在文化领域的具体体现。因公共文化产品和服务具有非竞争性、非排他性的特点，因而需要通过公共财政提供文化建设所需的制度保障和物质基础。如图书馆、博物馆等文化设施的建设和运营是不以营利为目的、提供社会效益的公共文化服务。因而，需要制定完善的财政收支政策来实现公共服务的提供，如直接投资、财政补贴、政府采购等。不管何种方式，都体现为财政资金的投入。

财政资金投入是公共文化财政保障机制的核心内容。加大财政投入、完善财政保障机制是实现文化建设的基础和重要支柱。财政资金投入是为满足公共文化服务公益性、基本性、均等性、便利性的要求，是为满足公共文化设施建设和公共文化服务体系完善的要求。从推动文化发展加大财政投入的文化财政政策，到高质量发展阶段的公共文化领域中央与地方财政事权和支出责任划分的财政政策，都是文化财政政策作为一种财政保障机制的体现。

与文化财政政策密切相关的是央地财政关系方面的政策和文化产业发展有关的财政政策。在支持文化体制改革过程中，财政保障机制是非常关键的。如《做好财政支持文化改革发展工作的通知》（财教〔2012〕33号）提到，"坚持以政府为主导、以公共财政为支撑，把主要公共文化产品和服务项目、公益性文化活动纳入公共财政经常性支出预算"。

央地财政关系方面的政策主要与公共文化领域中央与地方财政事权和支出责任划分改革有关，目的是加大财政资金投入，促进城乡基本公共文化服务标准化、均等化。这对于财政资金使用提供了指导性原则。公共文化服务标准化要求按照公共文化服务标准来安排财政资金。如2015年中共中央办公厅、国务院办公厅印发的《关于加快构建现代公共文化服务体系的意见》要求，"县级以上各级政府按照标准科学测算所需经费，将基本公共文化服务保障资金纳入财政预算"。公共文化服务均等化则要求统筹资金均衡配置公共文化资源，公共文化服务均等化的实现是依靠转移支付政策，即上级政府通过建立地方公共文化服务体系建设专项资金等方式来满足文化服务均等化对资金的需求，如中央补助地方公共文化服务体系建设专项资金的设立。转移支付主要有中央转移支付和省级转移支付，通过中央和省级财政转移支付对老少边穷地区[1]基本公共文化服务保障资金予以补助。

文化产业发展有关的财政政策与构建现代文化产业体系与国有资本预算制度建立有关。一方面，在构建文化产业体系上，我国实行的是以公有制为主体、多种所有制共同发展的文化产业格局。为此，推

---

[1] 即革命老区、民族地区、边疆地区和贫困地区。

进国有经营性文化事业单位转企改制始终坚持了国有资本的主导地位。另一方面，文化产业发展实施的是文化企业国有资本经营预算制度，通过资本金注入方式，由管资产向管资本转变，从而发挥国有资本引导作用，坚持将社会效益放在首位。

文化事业和文化产业的预算资金要纳入预算管理，预算资金来自一般公共预算、政府性基金预算和国有资本经营预算。完善各级财政的文化资金投入保障，把基本公共文化产品和服务项目纳入各级政府预算，是文化财政政策实施保障的重要举措。推动公共文化服务高质量发展，必然要确保财政公共文化投入水平与国家经济社会发展阶段相适应。如《关于推动公共文化服务高质量发展的意见》（文旅公共发〔2021〕21号）对"进一步完善财政保障机制"进行了机制设计。

财政文化资金是以绩效管理为手段实现财政资源的优化配置。基本公共文化产品和服务项目纳入各级政府预算，全面实施公共文化服务领域预算绩效管理，强化绩效评价结果应用，以发挥财政资金最大效益。

诚然，文化财政政策是财政政策体系的重要组成部分，也是实现文化体制改革目标的政策手段。

（二）文化财政政策是落实文化经济政策的重要保障

文化经济政策是文化的社会属性与产业的经济属性的高度融合。文化建设强化文化事业和文化产业协同发展，文化经济政策是发挥社会效益和经济效益的重要手段。在落实和完善文化经济政策的具体措施上，支持社会组织、机构、个人捐赠和兴办公益性文化事业，同时，引导文化非营利机构提供公共文化产品和服务。

文化经济政策是社会效益和经济效益相融合的政策体现。在推动国有文化企业发展中，文化经济政策是将社会效益放在首位，确保社会效益和经济效益相统一的重要保障，是扶持引导文化产业、培育规范文化市场的重要手段。这在2015年中共中央办公厅、国务院办公厅发布的《关于推动国有文化企业把社会效益放在首位、实现社会效益和经济效益相统一的指导意见》已经予以明确。

文化产业的发展是文化经济属性的具体表现，同时也需保持文化的社会属性。实施经营性文化事业单位转制为企业，以国有企业为主体促进文化产业发展，这必然会加强文化与经济的融合。在落实和完善文化经济政策时，国有文化企业既要保证国有文化企业合理的经济效益、职工的合理经济利益，更要追求社会效益最大化，实现文化可持续发展。

现代文化产业体系构建是文化产业发展的基础。构建现代文化产业体系涉及文化产业结构调整、文化产业布局优化、文化科技创新推进，这都需要财政资金投入和资源配置优化。自然，离不开相应的文化财政政策。

文化财政政策通过设立文化产业发展专项资金来促进文化经济发展。文化产业发展专项资金由中央财政安排，专项用于提高文化产业整体实力，推动文化产业成为国民经济支柱型产业。财政资金投入，依然采用预算安排与绩效评价结果挂钩机制，专项资金通过项目补助、贷款贴息、保费补贴、绩效奖励等多种方式落实。文化财政政策在促进文化产业发展的管理方式上，实施"资金、资本、资产"三位一体的管理机制。

财政部门在国有文化企业治理结构中履行出资人职责。财政部门作为出资人，承担同级国有文化资产管理和资金管理职责。在加大财政对文化产业的政策扶持外，在文化产业领域积极引入社会资本，发挥财政资金引导作用，提高财政资金的效益。已经建立起国有文化企业的产权登记、产权交易、监督和国有资产评估管理制度体系。

不难看出，要落实文化经济政策的社会效益与经济效益统一目标，财政资金补贴是主要的保障措施。

综合上述分析得知，文化财政政策是财政政策的重要组成。财政文化资金支出纳入一般公共预算、政府性基金预算和国有资本预算中，并建立财政文化资金的绩效管理机制，以实现文化体制改革目标。文化财政政策也是落实文化经济政策的重要保障。文化财政政策通过设立专项资金促进文化事业和文化产业协同发展，并完善文化资产管理机制。基于文化财政政策的基本含义，给出文化财政政策的定义：文化财政政策是为实现文化建设目标、落实文化经济政策、促进公共文化产品和服务的社会效益与经济效益相统一的财政政策。

二、文化财政政策如何发挥作用？

文化财政政策作为一种政策工具，特别是一种财权配置工具，其作用发挥是以公共文化领域中央与地方财政事权和支出责任划分为基础，通过建立财政制度体系和财政支出政策安排预算支出，发挥财政资金的支持和引导激励作用。

（一）事权和财权合理划分保障公共文化服务的权责统一

基本公共服务均等化实现的前提是政府间事权和财权的合理划分，

也就是财政资金与履职任务之间相适应。政府间文化领域事权和财权的合理划分是建立"事权—支出责任—财力"之间的一致性关系，确保财政事权和财权相统一。

何谓财政事权和支出责任？财政事权是一级政府所承担的运用财政资金提供公共文化服务的任务和职责。其中，事权是一级政府提供公共文化服务的任务和职责，如中央和地方事权的划分涉及中央事权、地方事权、中央与地方共同事权。财权是一级政府组织财政收入的权力。支出责任是履行公共服务财政事权的支出义务和保障，即谁的文化财政事权谁来承担预算支出责任。

公共文化领域的财政事权划分需要从政府层级和服务内容两个方面考虑。在政府层级划分上，包括中央和地方的财政事权划分、省以下各级政府财政事权划分。在服务内容划分上，公共文化领域的事权包括基本公共文化服务、文化艺术创作扶持、文化遗产保护传承、文化交流和能力建设5个方面，涉及9项财政事权。根据事权划分原则划分不同文化服务领域的财政事权，如地方文化文物系统所属博物馆、纪念馆、公共图书馆等"基层公共文化设施"，因按照国家规定实行免费或低收费开放，其公共基础设施的运行经费确认为中央与地方共同财政事权。而展览、文艺创作演出、电影、出版等"文化艺术创作扶持"方面的有关事项则按政策确定层级和组织实施主体划分财政事权，有中央财政事权、中央与地方共同财政事权和地方财政事权。

与财政事权相应的支出责任分别由各级政府承担。中央财政事权，由中央承担支出责任。中央与地方共同财政事权，由中央与地方按照相关职责分工分别承担支出责任。地方财政事权，由地方承担支出责任。为保障财权与事权相统一，支付责任的合理划分是基础，比如，博物馆、纪念馆、公共图书馆等"基层公共文化设施"所需经费由中央与地方财政分五档按不同比例分担，中央分担经费最高比例为80%，最低为10%，以此平衡区域间的支付责任，实现公共文化服务的均等化。

（二）财政文化资金纳入各级政府预算保障公共文化服务提供

加大财政文化资金投入水平是保障各级政府公共文化服务提供的重要支柱。为保证公共文化设施建设和运行支出的需要，财政资金必须纳入各级政府预算。这些资金主要来源于一般公共预算、政府性基金预算、国有资本经营预算等渠道。2023年财政部公开的《关于财政文化资金分配和使用情况的报告》显示，2018—2022年五年间，在履行文化领域财政支出责任方面共投入资金19512.5亿元。其中，一般公共预算支出19283.3亿元，政府性基金预算支出168.2亿元，国有资本经营预算支出61亿元。

一般公共预算资金是以税收为主要收入来源的财政资金，是文化领域财力的主要保障。一般公共预算通常依据文化发展规划和年度预算进行预算安排，用于支持基础文化设施建设和维护、基层公共文化服务提供、文化艺术教育、文化遗产保护等多方面。一般公共预算支出投入水平增加是公共文化服务高质量发展的基石。2018—2022年的五年间，一般公共预算支出年均增幅3.3%，2023年一般公共预算支出3896.6亿元，比2022年增加30.7亿元，有力保障了文化领域的重点项目支出。

政府性基金预算则是依照法律、行政法规的规定在一定期限内向特定对象征收、收取或者以其他方式筹集的资金，专项用于特定公共事业发展的收支预算。公共文化领域的政府性预算有文化事业建设费、国家电影事业发展专项资金、旅游发展基金等。比如，文化事业建设费，是国家为了促进社会主义文化事业的健康发展，进一步完善文化经济政策，拓宽文化事业资金投入渠道而对广告、娱乐行业征收的一种政府性基金。政府性基金预算通常用于特定的文化产业发展、文化创新项目、重大文化设施建设和重要文化活动的扶持。

国有资本经营预算是对国有资本收益做出安排的收支预算。国有资本经营预算资金主要用于国有企业资本金注入，强化国有资本收益等安排。国有资本经营预算主要用于国有文化企业和机构的改革、发展和创新，支持国有文化资产的保值增值和结构优化，以及促进文化和科技融合、文化与旅游融合等领域的发展。

强化多渠道财政资金的统筹使用。一方面加大政府性基金与一般公共预算的统筹力度，另一方面加强多头管理专项资金的统筹使用，如中央宣传部、文化和旅游部、广电总局、体育总局、文物局等主管部门，发挥资金合力。此外，发挥政府资金的引导作用，引导社会资金加大对文化产业的投入，支持符合国家政策导向的文化产业发展，如设立中国文化产业投资基金等。

（三）公共文化服务项目绩效管理提高财政文化资金使用效益

公共文化服务项目资金使用需要纳入项目库管理，按照绩效管理要求，对财政文化资金进行全过程绩效管理，避免资金闲置，提高财政文化资金配置效率和使用效益。

财政文化资金预算实施绩效目标管理。公共文化服务项目资金通常来源于转移支付资金和同级财政资金，不管此资金属于一般公共预算还是政府性基金预算，在申请预算资金时均需要设置项目绩效目标，进行项目事前绩效评估，作为财政文化资金安排的依据。比如，财政部在下达2023年国家非物质文化遗产保护资金时，要求主管部门和资金使用单位要随同预算资金申报同步填报绩效目标，同级财政部门要加强绩效目标审核，并将绩效目标随同预算同步批复下达。

财政文化资金绩效评价是财政文化资金安排的依据。不管是财政文化专项资金的使用，还是国有文化企业的资本预算支出，都需要开展绩效评价。公共文化服务强调的是社会效益，因而，群众需求、服务满意度是绩效评价的重要内容。绩效评价结果是以后年度安排预算、完善政策、改善管理的重要依据，也是实施地区奖励、部门奖励、项目奖励的重要依据。

强化成本效益理念是提高财政资金使用效益的重要方式。绩效管理的核心理念是成本效益。财政文化资金使用中，通过文化创新和管理创新降低公共文化项目的建设成本或运行成本，节约财政文化资金支出。同时，需要加强部门之间的信息互联互通，对绩效目标实现程度和预算执行进度实行"双监控"，建立项目绩效跟踪机制。

诚然，加大财政文化资金投入是实现文化改革的主要手段，但应当关注财政文化资金投入水平和投入效益。我们关心的是：如何用较少的财政文化资金实现更高水平的公共文化服务？要回答这个问题，就必须回到文化财政政策的作用机制上。也就是说，文化财政政策落实中就必须合理划分财政事权，对财政支出进行全过程绩效管理。

第10讲　文化税收政策：税收为文化产业发展助力①

付广军②

▎导读

　　文化产业是一个国家软实力的象征，各国历来重视文化产业发展，采取包括税收政策在内的多种经济政策来促进其发展。本讲将从中国文化产业发展历史和现状入手，分析文化产业和税收在整个国民经济和税收中的地位及作用，重点对文化产业进行税负和文化消费等不同层面的分析。同时总结和梳理中国文化产业税收政策历史和现状，指出文化产业税收政策存在的主要问题，建设性地提出完善中国文化产业税收政策的若干建议。

一、引言

　　20世纪30年代，德国人瓦尔特·本雅明在《机械复制时代的艺术作品》中提出"文化产业"（Cultural Industry）这一概念，将其作为一

---

　　①　本讲内容改编自以下文献：付广军任组长的2018年度国家税务总局一般研究课题（项目编号：2018YB17）"促进中国文化产业发展的税收政策研究"。

　　②　付广军，国家税务总局税收科学研究所学术委员会副主任、研究员；中国民主建国会中央财金委副主任，中国民主建国会北京市委员会文化委员会副主任；中国数量经济学会常务理事、中国财政学会理事。

种特殊的文化和经济形态。1947年，德国法兰克福学派的西奥多·阿多诺和马克思·霍克海默出版的《启蒙的辩证法》中正式提出"文化产业"（Cultural Industry）的概念。随着时代的发展，文化产业逐渐成为泛化意义上的"文化—经济"类型的专有名词。由于文化差异及经济发展水平不一，各国对文化产业的定义不尽相同，但均认为文化产业是一国参与全球竞争的重要软实力。

"文化创意产业"（Cultural and Creative Industry）则兴起于"创意产业"，是创意产业的核心部分，同时也是文化产业的重要分支。文化创意产业在各国定义不同，但都受到高度关注。文化产业伴随知识经济和后工业化时代而兴起，在国际上更多地被称为创意产业、内容产业或版权产业。联合国教科文组织将文化产业定义为生产和传播文化产品和服务的一系列活动，这些产品和服务的特定属性、用途或目的，不论其可能具有何种商业价值，都承载或传达了文化表达。

目前，联合国教科文组织将文化产业界定为：按照工业标准生产、再生产、储存及分配文化产品和服务的一系列活动。这并非文化产业的唯一定义，各个国家（地区）由于经济、政治、文化、社会发展的背景阶段不同，对文化产业概念的理解也不尽相同，故而对文化产业并没有统一的界定。

在中国，关于文化产业的统计一直没有统一，各部门常常采用自身的口径，如很多部门将"文化、体育和娱乐业"作为文化产业的统计范畴。如按照国家统计局《中国统计年鉴》行业增加值的分类：1996年至2003年为教育、文化艺术和广播电影电视业；2004年以后改为文化产业包括文化、体育和娱乐业。

国家统计局发布的《文化及相关产业分类（2018）》中，对"文化及相关产业"做了明确定义，是指为社会公众提供文化产品和文化相关产品的生产活动的集合。

二、文化产业繁荣带来税收的增加

第一，文化产业经济产值逐年增加。

在中国，文化产业的精准统计口径尚未统一。为了寻找与文化产业税收收入相对应的文化产业增加值数据，便于进行税收与经济分析，《中国统计年鉴》行业分类中采用了与文化产业近似的文化、体育和娱乐业（见表10-1）。

表10-1　2012—2021年中国文化产业增加值表

单位：亿元

项目 年份	国内生产总值（GDP）	第三产业增加值	文化产业		文化产业增加值占比	
			增加值	同比增长	占GDP	占三产
2012	540367.4	244821.9	3530.6	14.6%	0.66%	1.49%
2013	595244.4	277959.3	3867.7	9.6%	0.65%	1.39%
2014	643974.0	308058.6	4274.5	10.5%	0.66%	1.39%
2015	685505.8	344075.0	4931.2	15.4%	0.72%	1.43%
2016	744127.0	384221.0	5579.8	11.2%	0.74%	1.43%
2017	827121.7	427032.0	6625.4	18.7%	0.80%	1.55%
2018	919281.1	489700.8	7301.3	10.2%	0.79%	1.49%
2019	986515.2	535371.0	8137.8	11.5%	0.83%	1.52%
2020	1013567.0	551973.7	6981.2	−14.2%	0.69%	1.27%
2021	1143669.7	609679.7				

注：文化产业为文化、体育和娱乐业，2021年文化产业增加值暂缺。

资料来源：《中国统计年鉴2022》。

根据《中国统计年鉴》资料显示，2012年文化产业（采用国家统计局年鉴中的文化、体育和娱乐业口径，下同）增加值为3530.6亿元，占GDP的0.66%，占第三产业增加值的1.49%。到2020年文化产业增加值达到6981.2亿元，占GDP的0.69%，较2012年下降了0.03个百分点，占第三产业的1.27%，较2012年下降0.22个百分点。可以看出文化产业发展及在国民经济中的地位有所降低。

从文化产业的增速看，2012年至2020年震荡下行，2017年最高达18.7%，2020年受新冠疫情影响为−14.2%，二者相差32.9个百分点。

因为统计口径的不断调整，按照同口径比较分析，尽管中国文化产业发展规模总量不断增加，但是与国际文化产业发达国家相比，文化产业占GDP的比重相对较低。国际知识产权联盟颁布的《美国经济中的版权产业：2011年报告》显示，2010年美国创意产业增加值为16279亿美元，占GDP的11.1%。文化产业一直以来是日本的支柱产业，据统计，2015年日本GDP共计4.21万亿美元，其中文化产业增加值为0.39万亿美元，文化产业占GDP比重为9.3%。

按照文化、体育和娱乐业口径统计的中国文化产业增加值占GDP的比重远低于市场经济发达国家。

第二，文化产业税收占比逐年提高。

自2012年国家税务总局开始按照国家统计局《中国统计年鉴》关于文化产业（文化、体育和娱乐业）口径统计税收收入数据，之前中国文化产业税收收入统计数据无法获取，我们只能按照同口径数据分析文化产业税收及税负的趋势，也就是只能分析2012年以后的文化产业税收收入及税负情况（见表10–2）。

表10-2　2012—2021年中国文化产业税收收入表

单位：亿元

项目 年份	税收收入	三产税收	文化产业税收		文化产业税收占比	
			绝对数	同比 增长	占税收 收入	占三产 税收
2012	110740.04	55829.58	358.67	—	0.32%	0.64%
2013	119942.99	63017.80	372.53	3.9%	0.31%	0.59%
2014	129541.07	69287.90	400.70	7.6%	0.31%	0.58%
2015	136021.48	74531.15	416.68	2.7%	0.31%	0.56%
2016	140499.04	79435.30	486.32	16.7%	0.35%	0.61%
2017	155734.72	87319.04	570.76	17.4%	0.37%	0.65%
2018	169956.57	96496.67	661.26	15.9%	0.39%	0.69%
2019	172102.36	97984.87	598.83	−9.5%	0.35%	0.61%
2020	165999.55	96376.61	443.58	−25.9%	0.27%	0.46%
2021	188737.61	107592.41	550.98	24.2%	0.29%	0.51%

注：文化产业为文化、体育和娱乐业，与《中国统计年鉴》分类一致。
资料来源：历年《中国税务年鉴》。

按照与文化产业增加值同口径的文化产业（即文化、体育和娱乐业，下同）计算，2012年文化产业税收收入仅为358.67亿元，占税收收入的0.32%，占第三产业税收收入的0.64%，随后的几年，文化产业税收收入增速远低于税收总收入的增速，因此，占比出现下降，到2016年文化产业税收开始加速，较上年增长16.7%，占全部税收收入的0.35%。2017年文化产业税收收入为570.76亿元，较上年增长17.4%，占全部税收收入的0.37%。

受新冠疫情的影响，2020年中国税收总收入为165999.55亿元，其中文化产业税收收入仅为443.58亿元，占全部税收收入的0.27%，较2019年下降了0.8个百分点，占第三产业税收收入的0.46%。2021年，文化产业税收收入较2020年有所恢复，同比增长24.2%，占全部税收收入的0.29%，较2020年提高0.02个百分点。

第三，文化产业税负相对较低。

进行文化产业税收和税负分析，保持数据口径的一致性尤为重要。实际上，中国对文化产业的税收政策有很多优惠，从文化产业的税负情况即可看出。宏观税负是税收收入占GDP的比重，第三产业税负是第三产业税收收入占其增加值的比重，文化产业税负是文化产业税收收入占其增加值的比重（见表10-3）。

表10-3　2012—2021年中国文化产业税负状况表

指标 年份	宏观税负	第三产业税负	文化产业税负
2012	21.3%	24.1%	10.2%
2013	21.1%	24.0%	9.6%
2014	20.1%	22.5%	9.4%
2015	19.8%	21.7%	8.4%
2016	18.9%	20.7%	8.7%
2017	18.8%	20.4%	8.6%
2018	18.5%	19.7%	9.1%
2019	17.4%	18.3%	7.4%
2020	16.4%	17.5%	6.4%
2021	16.5%	17.6%	

注：根据表10-1和表10-2资料计算得出。

2012年税收收入占GDP比重为21.3%，不包括收费、养老金，第三产业的税负为24.1%，高于宏观税负2.8个百分点，文化产业税负为10.2%，较宏观税负低11.1个百分点，仅为第三产业税负的42.3%。

2020年税收收入占GDP比重为16.4%，第三产业的税负为17.5%，高于宏观税负1.1个百分点，文化产业税负为6.4%，较宏观税负低10个百分点，仅为第三产业税负的36.6%。其他年份文化产业的税负2013年为9.6%，2014年为9.4%，2015年最低仅为8.4%，2016年为8.7%，2017年为8.6%，2018年有所回升为9.1%，2019年为7.4%，均大大低于宏观税负和第三产业税负。

从总体来看，中国文化产业是轻税的，税收政策对文化产业的支持力度较大。当然评价一个行业税负轻重，与这个行业税负的高低有一定关系，但是也不能就此判断税负高税负就重、税负低税负就轻。税负高不等于重，税负低不等于轻。如房地产行业的税负虽然为40%以上，但房地产行业的税负并不重，因为该行业的利润率高。也就是说，只有用行业税收收入与该行业税收收入加净利润，才能评价这个行业的税负轻重，也即税负的分子是税收收入，分母是税收收入加上净利润。如果企业的净利润为零，企业的税负就达到百分之百，就进入拉弗曲线的禁税区。文化产业的税负远低于其他产业，也不能因此认为文化产业的税负轻，还要看文化产业的净利润情况。

三、税收优惠政策助力文化产业繁荣发展

第一，增值税优惠是主导。

1.销售自主开发生产动漫软件增值税超税负部分即征即退。

享受主体：动漫企业增值税一般纳税人。

优惠内容：自2018年1月1日至2023年12月31日，动漫企业增值税一般纳税人销售其自主开发生产的动漫软件，对其增值税实际税负

超过3%的部分，实行即征即退政策。

政策依据：《财政部 国家税务总局关于延续动漫产业增值税政策的通知》（财税〔2018〕38号），《文化部 财政部 国家税务总局关于印发〈动漫企业认定管理办法（试行）〉的通知》（文市发〔2008〕51号），《财政部 国家税务总局关于软件产品增值税政策的通知》（财税〔2011〕100号），《财政部 国家税务总局关于延长部分税收优惠政策执行期限的公告》（2021年第6号）。

2.符合条件的动漫设计等服务可选择适用简易计税方法计算缴纳增值税。

享受主体：经认定为动漫企业的增值税一般纳税人。

优惠内容：增值税一般纳税人经认定为动漫企业的，发生下列应税行为可以选择适用简易计税方法计税：为开发动漫产品提供的动漫脚本编撰、形象设计、背景设计、动画设计、分镜、动画制作、摄制、描线、上色、画面合成、配音、配乐、音效合成、剪辑、字幕制作、压缩转码（面向网络动漫、手机动漫格式适配）服务，以及在境内转让动漫版权（包括动漫品牌、形象或者内容的授权及再授权）。

政策依据：《财政部 国家税务总局关于全面推开营业税改征增值税试点的通知》（财税〔2016〕36号）附件2营业税改征增值税试点有关事项的规定，《文化部 财政部 国家税务总局关于印发〈动漫企业认定管理办法（试行）〉的通知》（文市发〔2008〕51号）。

3.动漫软件出口免征增值税。

享受主体：出口动漫软件的纳税人。

优惠内容：动漫软件出口免征增值税。

政策依据：《财政部 国家税务总局关于延续动漫产业增值税政策

的通知》（财税〔2018〕38号），《财政部　国家税务总局关于软件产品增值税政策的通知》（财税〔2011〕100号）。

第二，企业所得税优惠是辅助。

1.经营性文化事业单位转制为企业五年内免征企业所得税。

享受主体：由经营性文化事业单位转制的企业。

优惠内容：自2019年1月1日至2023年12月31日，经营性文化事业单位转制为企业，自转制注册之日起五年内免征企业所得税。2018年12月31日之前已完成转制的企业，自2019年1月1日起可继续免征五年企业所得税。企业在2023年12月31日享受上述税收政策不满五年的，可继续享受至五年期满为止。

《财政部　国家税务总局　中央宣传部关于继续实施文化体制改革中经营性文化事业单位转制为企业若干税收政策的通知》（财税〔2019〕16号）下发之前已经审核认定享受《财政部　国家税务总局　中宣部关于继续实施文化体制改革中经营性文化事业单位转制为企业若干税收政策的通知》（财税〔2014〕84号）税收优惠政策的转制文化企业，可按财税〔2019〕16号文件规定享受税收优惠政策。

对已转制企业按照财税〔2019〕16号文件规定应予减免的税款，在财税〔2019〕16号文件下发以前已经征收入库的，可抵减以后纳税期应缴税款或办理退库。

政策依据：《财政部　税务总局　中央宣传部关于继续实施文化体制改革中经营性文化事业单位转制为企业若干税收政策的通知》（财税〔2019〕16号）。

2.认定为高新技术企业的文化企业减按15%税率征收企业所得税。

享受主体：经认定为高新技术企业的文化企业。

优惠内容：对经认定为高新技术企业的文化企业，减按15%税率征收企业所得税。

政策依据：《中华人民共和国企业所得税法》第二十八条第二款，《中华人民共和国企业所得税法实施条例》第九十三条，《科技部 财政部 国家税务总局关于修订印发〈高新技术企业认定管理办法〉的通知》（国科发火〔2016〕32号），《科技部 财政部 国家税务总局关于修订印发〈高新技术企业认定管理工作指引〉的通知》（国科发火〔2016〕195号）。

3. 符合条件的文化创意设计活动发生的相关费用企业所得税税前加计扣除。

享受主体：为获得创新性、创意性、突破性的产品进行创意设计活动而发生相关费用的企业。

优惠内容：2018年1月1日至2022年12月31日，企业为获得创新性、创意性、突破性的产品进行创意设计活动而发生的相关费用，未形成无形资产计入当期损益的，在按规定据实扣除的基础上，按照实际发生额的75%，在税前加计扣除。

2018年1月1日至2022年12月31日，企业为获得创新性、创意性、突破性的产品进行创意设计活动而发生的相关费用，形成无形资产的，按照无形资产成本的175%在税前摊销。

自2023年1月1日起，企业为获得创新性、创意性、突破性的产品进行创意设计活动而发生的相关费用，未形成无形资产计入当期损益的，在按规定据实扣除的基础上，按照实际发生额的100%，在税前加计扣除。

自2023年1月1日起，企业为获得创新性、创意性、突破性的产品进行创意设计活动而发生的相关费用，形成无形资产的，按照无形资产成本的200%在税前摊销。

政策依据：《中华人民共和国企业所得税法》第三十条第（一）项，《中华人民共和国企业所得税法实施条例》第九十五条，《财政部 国家税务总局 科技部关于完善研究开发费用税前加计扣除政策的通知》（财税〔2015〕119号），《国家税务总局关于企业研究开发费用税前加计扣除政策有关问题的公告》（2015年第97号），《国家税务总局关于研发费用税前加计扣除归集范围有关问题的公告》（2017年第40号），《财政部 国家税务总局 科技部关于提高研究开发费用税前加计扣除比例的通知》（财税〔2018〕99号），《财政部 国家税务总局关于延长部分税收优惠政策执行期限的公告》（2021年第6号），《财政部 国家税务总局关于进一步完善研发费用税前加计扣除政策的公告》（2023年第7号）。

4.符合条件的动漫企业可享受国家鼓励软件产业发展的企业所得税优惠。

享受主体：经认定的动漫企业。

优惠内容：经认定的动漫企业自主开发、生产动漫产品，可申请享受国家现行鼓励软件产业发展的企业所得税优惠政策，即自获利年度起，第一年至第二年免征企业所得税，第三年至第五年按照25%的法定税率减半征收企业所得税。

政策依据：《财政部 国家税务总局关于扶持动漫产业发展有关税收政策问题的通知》（财税〔2009〕65号），《文化部 财政部 国家税务总局关于印发〈动漫企业认定管理办法（试行）〉的通知》（文市发〔2008〕51号），《财政部 国家税务总局关于进一步鼓励软件产业和集成电路产业发展企业所得税政策的通知》（财税〔2012〕27号），《财政部 国家税务总局关于集成电路设计和软件产业企业所得税政策的公告》（2019年第68号），《财政部 国家税务总局关于集成电路设计企业和软件企业2019年度企业所得税汇算清缴适用政策的公告》（2020年第29号），《财政部 国家税务总局 国家发展改革委 工业和信息化部关于促进集成电路产业和软件产业高质量发展企业所得税政策的公告》（2020年第45号）。

第三，其他税收优惠是补充。

经营性文化事业单位转制为企业五年内免征房产税。

享受主体：由财政部门拨付事业经费的文化单位转制的企业。

优惠内容：自2019年1月1日至2023年12月31日，由财政部门拨付事业经费的文化单位转制为企业，自转制注册之日起五年内对其自用房产免征房产税。2018年12月31日之前已完成转制的企业，自2019年1月1日起对其自用房产可继续免征五年房产税。企业在2023年12月31日享受上述税收政策不满五年的，可继续享受至五年期满为止。

《财政部 国家税务总局 中央宣传部关于继续实施文化体制改革中经营性文化事业单位转制为企业若干税收政策的通知》（财税〔2019〕16号）下发之前已经审核认定享受《财政部国家税务总局中宣部关于继续实施文化体制改革中经营性文化事业单位转制为企业若干税收政策的通知》（财税〔2014〕84号）税收优惠政策的转制文化企业，可按财税〔2019〕16号文件规定享受税收优惠政策。

对已转制企业按照财税〔2019〕16号文件规定应予减免的税款，在财税〔2019〕16号文件下发以前已经征收入库的，可抵减以后纳税期应缴税款或办理退库。

政策依据：《财政部　国家税务总局　中央宣传部关于继续实施文化体制改革中经营性文化事业单位转制为企业若干税收政策的通知》（财税〔2019〕16号）。

四、改善文化产业税收优惠仍有空间

自改革开放以来，中国文化产业蓬勃发展，对国民经济的贡献逐年提高。中国政府陆续出台的一系列扶持文化产业发展的经济政策取得了积极的市场效果。但是有关促进文化产业发展的税收政策目前还存在不完善之处。

第一，文化产业税收政策法律层级较低，尚需建立专门的文化产业税收体系。

文化产业主要税收制度的法律效力层次较低。中国有关文化产业税收优惠的法律规定层级偏低，全国人大常委会的立法并没有指向文化产业税收政策的条款，当前有关文化产业的税收规定多见于国务院颁布的行政法规、有关部委发布的部门规章中，法律效力层次较低，在实际运行中也容易产生较多问题，比如，税收优惠幅度的稳定性差、变动性强，等等。而且，除个别产业外，很少能够根据文化产业各个行业本身的特点做出相适应的规定，没有形成促进文化产业发展的系统化、互相配合的税收规范体系。多数相关的税法规定仍主要集中在传统的报刊、音像制作、广播影视等行业，针对新兴文化创意产业方面的规定不多。

针对文化产业的税收优惠措施大多是临时性的。国外经验表明，文化产业从诞生到发展成熟需要30年左右的发展期，多变的税收政策显然不利于文化产业的成长与稳定。当然，适当调整文化产业税收政策是必要的，但是调整必须体现鼓励和扶持文化产业发展的长期性，必须沿着既有思路一以贯之。

第二，文化产业税收政策零星分散，应加大优惠措施的针对性。

文化产业税收优惠覆盖面包容性不强。2009年由财政部、海关总署、国家税务总局发布的《关于支持文化企业发展若干税收政策问题的通知》奠定了中国文化产业税收政策的总基调。该《通知》列举了18类可以享受税收优惠的文化企业，虽然已基本覆盖当时中国出现的文化产业类型，但是随着近年来文化产业的大发展，借助互联网平台和新媒体，新的文化产业形态不断涌现。以这些行业为平台组建的企业却无法享受应有的税收优惠，显然没有达到文化产业发展整体的战略高度，不利于新兴文化产业的发展。

文化产业，有生产型文化企业，也有以智力活动为主的文化企业，类型较多，种类复杂，现行税收政策有关文化产业的相关规定都比较分散，且互相之间存在矛盾，容易造成企业和政府双方的税收征缴困难。

虽然中国近年来对文化产业采取了一系列税收优惠措施，但是这些税收优惠针对性较弱。从行业税收优惠上讲，现行税收优惠几乎无差别地覆盖到文化产业的各个方面，这样无法有效引导社会资源在不同文化产业之间的区别性配置，从而无法发挥文化产业税收优惠的政策导向性。从地区税收优惠上讲，中国现行税收优惠政策并没有照顾到落后地区的文化产业发展现状。虽然有些地方也会出台税收优惠措施，但由于没有上位法的授权，这些税收优惠措施的合法性存在争议。

此外，相当多数的地方性税收优惠不具有稳定性，甚至出现朝令夕改的情况，这对于扶持文化产业的发展，吸引文化产业投资来说都是不利的。

第三，文化产业总体税负较重，特别是增值税负担较重，文化产品和服务的税收优惠范围较小。

目前，中国文化产业的企业税负总体较重。以电影产业为例，营改增改革虽然使得电影业所负担的货物和劳务税发生了重大变化，小规模纳税人只需要缴纳3%的增值税，但是仍需缴纳15%的企业所得税、7%的城建税、3%的教育费附加等。电影衍生产品还需缴纳6%的增值税，甚至企业还要为部分从业人员承担税率高达40%左右的个人所得税。

重复征税问题也值得关注。依据现行增值税制，企业用于生产经营的固定资产可以进行抵扣，这有力缓解了企业的增值税重复征税问题。但是文化企业属于知识经济和创意经济，文化产业企业的资产大多数体现为品牌价值、知识产权和人力资源等无形资产。文化企业在开发和交易这些无形资产的过程中，智力投入占据产品成本的绝大部分，但企业在缴纳增值税时很少甚至无法进行相应抵扣。此外，中国目前针对文化产业捐赠并无特殊税收优惠，这与国际上的通行做法不相符。

与文化产业比较发达的国家对比可以发现，发达国家对于文化产品和服务的增值税等货物和劳务税的税率都比较低。比如，德国增值税的标准税率是16%，文化企业实施7%的低税率至免税；西班牙增值税标准税率是19.6%，文化产业实施4%的优惠税率；比利时增值税的标准税率是21%，而文化产业除付费电视和有限电视的最低税率是6%或零税率。比较之下，中国文化产品和服务的税率较高，税收优惠范围还应扩大。

第四，文化产业所得税激励作用不足，货物和劳务税制度科学性有待提高，部分文化企业增值税政策仍需完善。

中国文化产业企业所得税激励性不足体现在：一是现有的税收优惠幅度较小，对文化产业的激励作用不足；二是对高新技术文化企业、外商投资文化企业与一般文化企业规定的差别化的税收优惠起点年度不同，造成不同文化企业间税收优惠待遇存在差别，有违税收公平原则。同时，在个人所得税方面，中国现行税法中对与文化产业相关的稿酬、劳务报酬、特许权使用费所得等，都规定了较高的税率以及较低的费用扣除额，而且缺乏对从事文化产业专业人才的激励性规定。

中国在文化产业增值税的税率设计上普遍过高，如对图书、报纸、杂志、音像制品、电子出版物等适用6%的优惠税率。

中国现行的一些文化产业税收优惠政策，主要集中在部分特殊的文化企业中，例如，对于正在转制中的文化企业，税法规定在转制注册之日起三年内免征企业所得税、房产税，但对于一般的文化企业没有相应的税收优惠政策，容易造成行业竞争的不公平，加大行业壁垒。

中国部分文化企业由于没有完善的上下游业务的抵扣链条，在文化企业的营改增政策实施之后，面临着税负增加的情形。对于部分文化企业来讲，营改增后应税服务项目中，如广告收入、知识产权服务等，由原来5%的营业税变为现在的6%的增值税。理论上，营改增后增值税可以有进项税抵扣，税率提高1个百分点，应该是税负降低，但由于部分企业进项抵扣不足，造成税负上升。

第五，文化贸易的税收政策引导作用不够。

近年来，中国在文化领域取得了令人可喜的成绩，培育了一批具有民族特色、在国际上有影响的文化品牌，但是，在税收方面，对国际文化贸易的引导和支持作用还不够，对图书报刊、电影电视出口未实现完全的出口退税，在一定程度上打击了文化产品和服务企业"走出去"的积极性。

五、助力文化产业的税收政策建议

从中国文化产业发展看，无论是哪种口径增加值及占GDP的比重均偏低，未来有巨大的发展潜力。中国文化产业的大发展，税收政策必须起到促进作用。为此，我们提出完善文化产业税收政策的建议如下。

第一，提升文化产业税收立法层级，构建完整的文化产业税收政策体系。

明确政府职能，清晰划分文化产业的不同行业类型，依靠顶层设计，将目前不同税种规定中表述的与"文化产业"相关的概念进行统一，达到含义一致。

建立立法层次较高、优惠政策较稳定的税收激励政策。从税收理论的角度分析，税收优惠可通过税率优惠、减免税、成本核算、税基减免、亏损弥补等多种方式实现，可以根据现行的优惠政策，从产业发展的角度，建立多种类、全行业的税收政策体系。

针对文化产业发展的特殊性，借鉴国外经验，适时推出一部文化产业领域的基本法。该法应设置专门条款确定文化产业发展的总体思路以及相关税收制度建设的基本原则，并以此为基础对现行分散存在的涉及文化产业的具体税收规范进行梳理，建立一套目标明确、科学完备、针对性强的税收制度。结合当前中国的税制结构以及文化产业的发展现状，构建完整的文化产业税收政策体系。

第二，提升文化产业税收政策的整体合力，增强文化产业税收政策针对性。

对文化产业发展，中国尽管制定了大量的税收优惠政策，但是，文化产业涉及面广，文化与科技、文化与金融等不断融合，出现了大量新业态、新产品，如动漫产业、艺术品金融等。由于文化产业税收政策，多数是针对传统文化产业的，这些文化产业新业态是近年新出现的，而促进文化产业发展的税收政策并没有及时根据新形势更新。建议一是制定针对文化产业新业态的税收优惠政策。根据文化产业的新特点、新情况，出台针对文化产业新业态的税收优惠政策。二是鼓励经济欠发达地区文化产业发展的税收政策。由于经济欠发达地区人均收入较低，文化消费水平也低于经济发达地区，为了促进经济欠发达地区文化产业的发展，对这些区域的文化产业实行税收优惠政策。

第三，有步骤地降低文化产业的税负水平，继续完善文化企业增值税改革。

降低文化产业的增值税税率。与其他国家相比，中国文化产业的增值税税率相对较高，尤其是对一些文化企业来讲，由于缺乏上游可抵扣的增值税进项税，致使实际承担的税负较重。

有选择地降低文化产业从业人员的个人所得税。可以通过区分文化产业的不同从业者取得的收入，规定特定的区域，制定相应的税收减免政策。可借鉴国外比较成功的经验，如美国设立的罗德岛免税文化区，在文化社区内生活的从业人员，可以享受文化作品销售免征所得税，画廊免征营业税等优惠措施。同时，由于文化产业的部分从业人员工作时间不固定，取得收入不均衡，容易造成某一时间段税负过高、纳税较高的情况，建议可以将文化产业从业人员的一年收入进行平均，按照年平均收入水平来缴纳个人所得税，可以在一定程度上降低实际承担的税负。

第四，适度降低文化产业的增值税税率，减轻部分文化企业的税收整体负担。

文化产业多数属于劳动密集型企业，按照现行增值税制度，作为企业财务成本的劳务支出占企业财务成本的比例高于技术密集型和资本密集型企业，其利润较低。从国民经济核算角度看，劳动力转移价值属于新创造的价值，是国内生产总值的重要组成部分。从税收角度看，劳动力转移价值（在企业财务中的工资薪金），属于增加值的一部分，按照现行增值税制度规定，增加值是增值税的税基（征收税收的基础，简称税基）。

文化企业种类繁多，在营改增以后，虽然消除了营业税全额重复征税的弊端，但是，部分文化产业，特别是服务型文化产业的税负不降反升。由于这些企业的生产资料转移价值占比较低，可用于抵扣的进项税较少，税负已经严重影响了企业的经营积极性。

针对出现的问题，建议一是适当降低文化企业一般纳税人的认定标准；二是进一步规范增值税发票的规范和管理，扩大能够开具增值税专用发票的企业范围，扩大抵扣范围；三是建立完善的产业增值税的抵扣链条，使增值税改革既能实现调整税制结构、调整产业结构的目的，又能使企业得到实实在在的减税优惠。

第五，实施鼓励文化出口、鼓励文化企业"走出去"的税收政策。

制定有利于国际文化贸易和文化产品服务出口的税收优惠政策。

鼓励文化企业的原创作品，对纳入国家文化产业出口扶持计划，具有中国民族特色的文化项目实行免税出口，或全额退税；对于出口的动漫、游戏、电影电视等制定高退税率，降低企业的出口成本；鼓励国内文化企业与国外资本的合作，对在中国境内从事文化类经营的活动给予一定的税收减免。

建议对文化产品和服务出口实行免税政策，以鼓励出口；对文化企业"走出去"采用包括企业所得税在内的税收优惠政策。

中国文化历史悠久，鼓励文化产品出口和文化企业积极走出国门，提升中华文化的国际影响力，对提升国家软实力和文化强国建设都有重要意义。税收政策作为促进经济发展的宏观政策手段，在鼓励文化产品出口、鼓励文化企业"走出去"方面可以发挥一定的作用。

第11讲　文化金融政策：推动金融成为文化产业发展"引擎"①

金　巍②

■·导读

　　操民之命，朝不可以无政，政策一直都是政府干预经济发展的重要手段。文化金融发展需要市场创新驱动，也需要政策驱动。文化金融政策是驱动文化金融发展的重要"引擎"，文化金融政策通过推动文化金融发展影响和促进文化产业的发展。本讲阐释了文化金融的基本含义和作用，论述了我国文化金融政策的多种形式和形态。我国已经进入新发展阶段，文化金融政策正在关注哪些重点？我们应该如何选择更好的工作路径？本讲就这些问题做一分析。

　　文化金融是促进文化经济发展的重要驱动力，文化金融政策是文化经济政策的重要内容之一。十几年来，我国制定了一系列文化金融政策，丰富了文化经济政策体系内容，对促进文化经济和文化产业发

---

　　① 本讲内容改编自以下文献：金巍、杨涛主编的《文化金融学》，北京师范大学出版社；金巍在《中国文化产业评论》上发表的论文《高质量发展视角下我国文化金融发展现状、变革趋势及政策路径解析》。

　　② 金巍，北京立言金融与发展研究院副院长，国家金融与发展实验室文化金融研究中心副主任，特聘研究员，高级经济师。

展起到了巨大的推动作用。面向新发展阶段，我们需要更加深入地了解和执行好文化金融政策，推动更有实效的文化金融政策出台，为文化产业发展和文化强国建设做出更大的贡献。

一、什么是文化金融政策？

文化金融政策既是一种金融政策，也是一种文化经济政策。要理解文化金融政策，我们可以从公共政策、金融政策、文化经济政策三个维度展开。图11-1是一个关于文化金融政策相邻关系的示意图，有助于我们理解文化金融政策的"方位"。

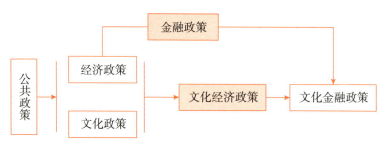

图11-1 文化金融政策相邻关系示意图

下面我们层层解析什么是文化金融政策。

第一，文化金融政策是一种公共政策。

无论政府与市场之间关系的讨论有多激烈，都不可否认政府对市场具有法定的干预权力。其中的一种政府干预手段就是通过政策来实现目标。这里就涉及公共政策命题。

公共政策是以社会公共问题为对象、以维护公共利益为价值取向的政府行为，公共政策要在一定时期内执行并具有特定的目标。社会公共问题不仅发生在法律、外交、国防、环保等纯公共事务领域，也在交通、交易、住房等准公共事务领域以及市场和私人领域。

从政策所指公共领域上，公共政策可以分为政治性公共政策、社会性公共政策、文化性公共政策、经济性公共政策、资源性公共政策等。经济性公共政策主要包括金融政策、税收政策、财政政策、外贸政策、产业政策等。我国在政治、经济、社会、文化和生态文化建设五大领域都出台了大量的政策，是维护国家发展和稳定的重要制度基础之一。

各国政府都会通过金融政策影响金融活动、调节经济运行，这是政府干预经济活动的重要手段之一；各国政府也都会通过文化政策影响文化生产活动。文化金融是基于文化生产形成的金融业态、机制和体系，也需要一定的政策来推动。所以，文化金融政策也是一种公共政策，是政府干预文化金融领域的一种特殊公共政策。

第二，文化金融政策是金融政策的一部分。

金融政策是经济性公共政策（经济政策）的一种类型。

狭义上的金融政策主要指宏观金融政策，包括货币政策①、汇率政策及国际收支相关政策，是宏观经济调控手段。在这个含义上，为了寻求宏观经济目标②，政府会使用一些金融工具作为调控手段。而从广

---

①　货币政策是政府和货币当局为了实现一定的经济目标影响货币供给数量的措施，是政府宏观经济政策手段之一。货币政策工具包括一般性货币政策工具、选择性货币政策工具和辅助性货币政策工具。一般性货币政策工具包括：法定存款准备金、再贴现和公开市场业务。选择性货币政策工具是对特殊经济领域、特殊信贷领域实施的信用调节工具，如消费者信用控制、优惠利率等。我国按国家产业政策要求，对一些经济部门实施利率优惠。辅助性货币政策工具包括直接信用控制（利率最高限额等）、间接信用控制（道义劝告、窗口指导、金融检查等）等。

②　主要目标包括：经济增长、充分就业、稳定物价、国际收支平衡等。

义上，金融政策还包括金融市场发展政策、金融监管政策等，是政府根据国家政治经济发展目标对金融市场和金融体系进行各类政策设计，直接目的是完善体制、促进发展、强化监管等。从金融政策手段上，包括经济手段、行政手段、法律手段等。

与文化金融关系最为密切的是金融市场发展政策和金融监管政策。

金融市场发展政策包括货币市场发展政策、债券市场发展政策、股票市场发展政策、基金市场发展政策、信托与资产管理市场发展政策、外汇市场发展政策等。相对应地，按照不同市场（或行业）分类，金融监管政策主要包括银行业监管政策、证券业监管政策、保险业监管政策、基金业监管政策、信托资产管理业监管政策等。这些涉及金融行业和金融市场的政策与实体经济领域的各个产业发展都有密切的关系，大多数的政策变化都会直接传导到实体经济领域，当然也包括文化产业领域。

金融市场发展政策和金融监管政策不仅与文化金融发展直接相关，同时一些政策中直接包含了文化金融方面的具体内容。在金融市场发展政策方面，金融服务实体经济成为金融市场发展的基本定位和价值目标，文化经济发展或文化产业发展也是题中之义。如2008年3月19日印发了《关于金融支持服务业加快发展的若干意见》（银发〔2008〕90号），文件中关于文化产业的内容是专门指向文化出口的。又如2017年4月，中国银监会在其发布的《关于提升银行业服务实体经济质效的指导意见》提出"要积极创新有利于医疗、养老、教育、文化、体育等社会领域企业发展的金融产品"，这里文化被作为金融支持社会领域企业发展的重要对象。由金融监管部门主导对文化产业的专门性金融政策是从2009年开始出现的，即《关于金融支持首都文化创意产业发展的指导意见》（银管发〔2009〕144号）。在我国鼓励新型金融模式（如绿色金融、普惠金融等）的政策中，都不同程度地包含了与文化金融相关的内容。

所以，从金融视角上，文化金融政策是金融政策的一部分，是金融服务实体经济发展相关政策的具体形式。

第三，文化金融政策是一种重要的文化经济政策。

文化经济政策是政府相关部门通过经济手段干预文化产品的创作、生产、流通、传播、消费及其他相关社会生产关系的措施和行为准则。这种"干预"包括引导、促进、保障等积极性政策，也包括管制、限制、惩罚等方面的消极性政策。

文化经济政策是文化政策的一个组成部分，是一种通过经济方式影响文化生产的政策形式。西方发达国家的文化政策中含有文化经济学的内容也是很晚的事情，但文化产业的迅速发展和经济环境的变化正在促使文化经济政策的日益丰富。

在文化的政治属性（意识形态属性）和经济属性（商品属性）对立统一上的认识变化，决定了我国文化经济政策的走向。早些时候中国的文化经济政策指向文化事业，并试图通过文化经济政策探索产业化途径。1992年，我国启动建设社会主义市场经济，这也是文化经济政策真正形成的开始。

通过经济手段干预文化事业发展是我国文化经济政策发展历程上的第一个重要节点。中国共产党十四大报告提出："积极推进文化体制改革，完善文化事业的有关经济政策，繁荣社会主义文化。"从这里开始，文化经济政策首先通过经济手段发展"文化事业"，而经济手段主要包括税收、贷款、价格等。① 围绕文化事业的初期文化经济政策，比较明显地体现在国务院于1996年9月5日发布的《关于进一步完善文化经济政策的若干规定》。文件中的主要措施包括：开征文化事业建设费、鼓励对文化事业的捐赠、继续实行财税优惠政策、建立健全专项资金制度等。

文化产业政策的提出是我国文化经济政策发展的第二个重要节点。2000年10月，中国共产党的十五届五中全会审议的《国民经济第十个五年计划》中第一次写入了"文化产业"概念。2002年，中国共产党十六大报告提出"积极发展文化事业和文化产业"，并提出要"完善文化产业政策，支持文化产业发展，增强我国文化产业的整体实力和竞争力"。2003年，我国的文化体制改革启动，从此，文化产业成为文化经济政策的主要对象，文化产业政策逐步成为文化经济政策的主要内容。2006年9月，《国家"十一五"时期文化发展规划纲要》提出：完善文化发展的经济政策。继续执行实践证明行之有效的文化经济政策，制定和完善扶持公益性文化事业、发展文化产业、激励文化创新等方面的政策。

文化经济政策作为重要的政策形式，在历年关于文化体制改革、文化改革与发展的国家战略性文件中② 多次予以强调。例如，2017年5月中共中央办公厅、国务院办公厅印发的《国家"十三五"时期文化

---

① 中国共产党十四届六中全会明确提出："要适应社会主义市场经济的要求，建立规范有效的筹资机制，逐渐形成对精神文明建设多渠道投入的体制。""运用税收、贷款、价格等经济手段支持宣传文化事业。进一步完善宣传文化事业的财税优惠政策。鼓励社会力量自助宣传文化事业。"

② 其他政策文件还有：党的十七大、十八大、十九大、二十大报告；国家"十二五"规划、"十三五"规划、"十四五"规划等。

发展改革规划纲要》在第十二部分专门阐述了"完善和落实文化经济政策"的主要内容，可以认为是迄今为止文化经济政策内容比较全面的文本，主要内容包括财政保障政策、文化税收政策、文化金融政策、文化贸易促进政策、文化建设用地政策五项内容。可见，文化金融政策早已成为文化经济政策的重要组成部分。2022年8月，中共中央办公厅、国务院办公厅印发了《国家"十四五"时期文化发展规划》，文件就金融支持文化产业发展提出了"加快推进符合文化产业发展需求和文化企业特点的金融产品与服务创新"等政策要求，并在"完善政策支持"部分要求落实和完善税收、用地等方面的政策。

综上，文化金融政策的基本含义是：文化金融政策是一种公共政策；从金融政策视角上，文化金融政策是金融政策的一部分，是金融服务实体经济发展相关政策的具体形式；文化金融政策也是一种文化经济政策，政府通过文化金融政策干预文化生产。在这个基本含义基础上，我们可以给文化金融政策一个定义：文化金融政策就是政府为了维护文化领域的公共利益提出并执行的以金融手段为主要内容的一种公共政策。

二、文化金融政策有什么作用？

经济学意义上，政策作为一种制度供给具有内生性的要素作用，也就是具有发展驱动力作用。前文已述，公共政策是政府部门的一种"干预"，这种干预会体现为一种体系性的功能，主要是导向功能、调节功能、分配功能和约束功能。我们可以从这些一般功能上理解文化金融政策的作用，因为文化金融政策的作用是通过这些功能表现出来的。

第一，通过导向功能（引导功能）促进文化产业发展。

政府部门在政策中明确表达自己的观念和理想，从而对相关主体提出了"应该做什么"的行动引导。文化金融政策通过鼓励或刺激性措施，引导金融资本和社会资本流向文化产业和公共文化服务建设，引导金融资本、社会资本与文化资源相结合。在政策引导下，银行、信托、证券、保险等机构将更多的资本投入文化产业，同时创新工具和产品；社会资本通过私募股权基金、资产管理等渠道投资文化产业。在政策引导下，文化金融已经逐步成为一种特殊的金融业态，大大推进了我国文化产业和文化建设的发展。

第二，通过调节功能协调文化与金融复杂系统的利益关系。

政策需要面对某一特定领域的各种矛盾，并通过解决这些矛盾来达到某种目标。要解决金融服务文化生产这个领域的矛盾，要面对三个复杂性：一是文化生产领域结构复杂，分为公共文化服务与文化产业两个部分，同时文化产业内部的各个分行业之间差异也较大；二是金融体系复杂，金融监管部门较多；三是政策制定中涉及部门众多，利益关系复杂。这决定了金融与文化的协同发展需要一个稳定的长效的协调机制，文化金融政策正是通过层层设计（如部际协商机制）解决这些问题，由此降低交易成本，提高产业效率。

第三，通过分配功能进行价值或利益的分配与再分配，实现社会利益最大化。

公共政策满足一部分人的价值需要，也就可能抑制另一部分人的价值需要，这种价值分配最终是要达成社会利益的最大化。文化金融政策与国家文化发展战略相关，与满足人们日益增长的精神生活需要相关，因此，政策就需要将金融领域的资本价值和文化领域的文化价值进行分配与再分配，以满足具有更大社会价值的那部分群体的价值需要和利益诉求。

第四，通过约束功能或管制功能维护文化金融市场秩序，保障文化产业良性发展和金融系统风险管控。

作为公共政策，文化金融政策不仅约束公权力自身，还约束相关利益主体。文化金融政策并不总是释放"积极"信号，政策往往也会带来负面的消极的信息，告诉人们不能做什么、会有什么代价。例如对文化产权交易所的清理整顿、对文化产业资本市场利用"明星证券化"进行市场炒作的调查等，这些都约束了不良市场行为。

当然，所有这些作用要通过政策的执行来实现。口言之，身必行之，只有正确执行政策，政策才能发挥应有的作用。总之，文化金融政策通过导向功能、调节功能、分配功能和约束功能等对文化金融发展产生作用，是推动文化金融变革的重要推动力；进一步地，文化金融政策通过发挥推动作用影响文化产业的发展。

三、我国文化金融政策的主要形式有哪些？

我们经常看到政府部门发布的"意见""指导意见""实施意见"，还有"规划纲要""规划""行动计划"等文件，这就是我国政府政策文本的主要形式。另外，还有一部分政府法规性文件，也可认为是政府政策的一部分。从政策供给的政策层级、政策性质等方面划分，还有中央政策、部门政策、地方政府政策；综合性政策、专门政策等。这些不同形式的政策，共同构成了政策体系。

结合政策供给的政策层级、政策性质的政策供给形式，以及文化金融所载政策文本形式，文化金融政策体系示意图如图11-2所示。

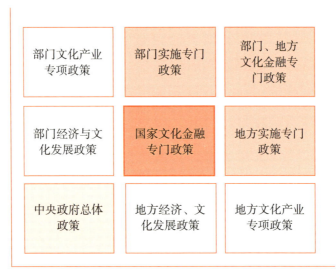

部门文化产业专项政策	部门实施专门政策	部门、地方文化金融专门政策
部门经济与文化发展政策	国家文化金融专门政策	地方实施专门政策
中央政府总体政策	地方经济、文化发展政策	地方文化产业专项政策

图11-2 文化金融政策体系示意图

随着我国文化金融政策体系不断丰富完善，其主要形式包含以下几个方面。

第一，在中央政府文化改革总体政策中提升固化并形成战略意义。

2013年11月，中国共产党十八届三中全会审议通过《中共中央关于全面深化改革若干重大问题的决定》，在这个历史性大政方针性文件中，提出了"鼓励金融资本、社会资本、文化资源相结合"的战略要求，这为文化金融发展提供了坚实的政策基础，意味着文化金融被纳入全面深化文化领域改革的总体布局当中。

在各个时期的国家级文化发展专项"五年规划"中的文化金融政策也具有很高的战略意义。2012年《国家"十二五"时期文化发展改革规划纲要》中要求：落实和完善金融支持文化产业发展政策，加强和改善对文化企业的金融服务。发挥文化产业投资基金的引导作用，吸引金融资本和其他社会资本进入文化产业。2017年《国家"十三五"时期文化发展改革规划纲要》在"完善和落实文化经济政策"中要求"发展文化金融"等。2022年8月中办、国办印发《"十四五"文化发展规划》中要求，健全文化要素市场运行机制，促进劳动力、资本、技术、数据等合理流动，并就金融支持文化产业提出多项政策要求，包括：加快推进符合文化产业发展需求和文化企业特点的金融产品与服务创新；进一步扩大文化企业股权融资和债券融资规模，支持文化企业上市融资和再融资；探索文化金融服务中心模式，为文化企业提供综合性金融服务等。

第二，各层级文化金融专门政策构成了我国文化金融政策体系的主体部分。

随着文化产业对资本需求的日益增长，文化金融政策的专门化就成了必要。2009年之后我国文化金融政策进入专门化时期，先后有多个专门政策出台，极大地推动了文化产业的发展。文化金融专门政策的制定是我国文化金融政策发展的一个高峰。这些专门政策由一级政府与金融监管部门共同制定并发布，一些政策金融监管部门参与程度很高。自2009年起，主要有四个类型的专门政策出台。

第一种是国家级文化金融专门政策。2009年5月，商务部、文化部、广电总局、新闻出版总署、中国进出口银行联合出台的《关于金融支持文化出口的指导意见》（商服贸发〔2009〕191号），是第一个全国性文化金融专门政策文件。2010年，中宣部、中国人民银行、文化部等九部门印发了《关于金融支持文化产业振兴和发展繁荣的指导意见》（银发〔2010〕94号）；2014年，文化部会同中国人民银行、财政部出台了《关于深入推进文化金融合作的意见》（文产发〔2014〕14号）。

这两个文件都是全国性政策文件，都有金融监管部门参与，其内容奠定了我国文化金融政策的基本框架。

第二种是地方性文化金融专门政策。这些政策专门化程度较高，在推动区域文化金融发展中起到了重要的推动作用，同时一些地区的成功经验也对其他地区产生了积极的示范作用，如北京、上海、陕西、广东、湖北等地区。北京在文化金融专门政策方面出台时间早，政策系统性强，是具有典型意义的区域。2009年7月3日，中国人民银行营业管理部、中国银行业监督管理委员会北京监管局公布的《关于金融支持首都文化创意产业发展的指导意见》（银管发〔2009〕144号），这个文件虽然是地方性的政策文件，但却是第一个由金融监管部门主导发布的文化金融专门政策文件。又如，2012年7月北京市金融工作局和北京市委宣传部印发的《关于金融促进首都文化创意产业发展的意见》是我国较早提出并使用"文化金融"概念的政策性文件，提出了极具特色的"九文"文化金融体系建设目标，即"文化信贷""文化保险""文企上市""文化要素市场""文化股权投资基金""文化投融资体制改革""文化金融综合试验区""文化信用增进""文化金融人才"等。2018年1月印发的《关于促进首都文化金融发展的意见》围绕服务全国文化中心建设，重点助力文化+业态，提出了"优化文化金融业务流程和管理模式""建设文化金融良好生态圈"等要求。2020年2月北京市文化改革和发展领导小组办公室印发《北京市关于加强金融支持文化产业健康发展的若干措施》，是面向新发展阶段的重要文化金融专门政策。

第三种类型是国家专门政策在部门和地方政府的实施政策及相关政策中扩展。文化金融专门政策一般都是由中央政府的相关部委联合制定的，其实施需要通过联合制定政策的各个部门及地方政府，所以其扩展主要在部门和地方政府两个方面，政策文本为"实施意见""规划""行动计划"等。如2010年保监会印发了《关于保险业支持文化产业发展有关工作的通知》（保监发〔2010〕109号）。《关于金融支持文化产业振兴和发展繁荣的指导意见》和《关于深入推进文化金融合作的意见》出台后，上海、广东、江苏、山东、四川、甘肃等省市根据各自的优势和发展特点相继出台了相应的实施意见。江苏省还专门印发了操作性较强的《江苏省文化金融发展三年行动计划（2015—2017）》。

江苏省在文化金融的特定领域提出了具体措施，如《江苏省文化金融合作试验区创建实施办法（试行）》，并附"江苏省文化金融合作试验区认定评估指标体系"。同时期，江苏省还发布了《江苏省文化金融服务中心认定管理办法》。北京市在推动财政和金融联动发展文化金融方面推行了别具特色的政策。北京市在2017年发布《北京市实施文化创意产业"投贷奖"联动　推动文化金融融合发展管理办法（试行）》（京文领办文〔2017〕3号），2018年5月又印发了《北京市文创产业"投贷奖"联动运营平台绩效考评管理实施细则（试行）》。

第三，在文化主管部门和地方政府的文化发展政策及专项政策中延续丰富。

部门及地方政府的文化经济政策主要体现在关于文化体制改革、文化发展及文化产业的意见、规划、行动计划等政策文本中，而文化金融一般都是文化经济政策的重要内容之一。

第一种是文化主管部门出台的经济发展、文化改革和文化经济政策，如2017年文化部印发的《文化部"十三五"时期文化发展改革规划》《文化部"十三五"时期文化产业发展规划》等，文化和旅游部印发的《"十四五"文化产业发展规划》《"十四五"文化和旅游发展规划》等。《"十四五"文化产业发展规划》以专门一章要求"深化文化与金融合作"，分为"完善支持政策体系""推动服务机制创新""引导扩大有效投资"三个部分。

第二种是地方政府出台的经济发展、文化改革和文化经济政策，如2016年上海市发布的《上海市文化创意产业发展三年行动计划（2016—2018）》，2016年北京市发布的《北京市"十三五"时期文化创意产业发展规划》，2017年9月陕西省发布的《关于进一步加快陕西文化产业发展的若干政策措施》，2017年12月上海市印发的《关于加快本市文化创意产业创新发展的若干意见》，2018年6月北京市印发的《关于推进文化创意产业创新发展的意见》等。在2022年3月北京市印发的《北京市"十四五"时期　文化产业发展规划》就"健全文化金融支撑体系"，提出了六点要求，包括：发挥资本市场直接融资作用、充分发挥货币政策工具的精准滴灌作用、依法合规创新文化金融产品、完善企业信用评价体系、完善文化金融中介服务体系、提升文化金融市场治理能力。

第三种是在发展文化产业的专门领域相关政策中，文化金融相关内容也已经成为标准配置。政府对文化产业发展中的一些专门领域如文化科技、小微文化企业发展、特色文化产业发展等制定了专门政策，其中设有专门的文化金融政策条款，也是文化金融政策体系的重要内容，如2012年科技部、中宣部、财政部、文化部、广电总局、新闻出版总署联合印发的《国家文化科技创新工程纲要》，2014年印发的《关于推动特色文化产业发展的指导意见》（文产发〔2014〕28号），

2014年印发的《关于大力支持小微文化企业发展的实施意见》（文产发〔2014〕27号）等。2019年，科技部等六部门印发的《关于促进文化和科技深度融合的指导意见》，文化和旅游部2017年和2020年先后印发与数字文化产业发展相关的政策文件等，在金融支持方面也有较多内容涉及。

四、新发展阶段文化金融政策关注重点有哪些？

我国已经进入新发展阶段。新发展阶段即"全面建设社会主义现代化国家的新发展阶段"，这是我国社会经济发展的新的历史方位，是我国全面建设社会主义现代化国家的时代刻度。我们必须"立足新发展阶段，完整、准确、全面贯彻新发展理念，构建新发展格局，推动高质量发展"。在新发展阶段，全面贯彻新发展理念，就要坚定不移贯彻创新、协调、绿色、开放、共享的新发展理念；要构建新发展格局，就是要加快构建以国内大循环为主体、国内国际双循环相互促进的新发展格局。

进入新发展阶段，也意味着进入高质量发展阶段。新发展阶段的基本要求是高质量发展，新发展阶段也是高质量发展阶段。文化金融要服务文化生产，具体来说就是要服务文化产业和文化经济。新发展阶段，重要任务是如何提高文化金融服务质量。进入新发展阶段，中央和地方政府已经出台多项文化和金融方面的政策，其中有比较丰富的文化金融相关内容，政策仍是文化金融高质量发展的重要保障。应更加注重政策实效，推动构建创新有活力的高质量文化金融发展格局。

第一，推动更重实效的制度供给和政策协同。

文化金融发展政策路径的首要问题是如何优化制度供给本身。《"十四五"文化发展规划》指出要"完善产业规划和政策";《"十四五"文化产业发展规划》用一节的篇幅提出"完善支持政策体系"，涵盖信贷产品创新、文化企业信用评价、风险补偿机制、融资担保体系、文化企业无形资产、文化企业股权融资、债券融资、上市融资与再融资、文化企业并购重组、文化保险等多个领域。在政策篇幅中纳入具体创新内容，旨在更好地强化政策效果。如果能够在这些方面有新的突破，则制度红利将有新的显现。应推动政策绩效考评考核，促进政策落地和完善。应借助行业组织提供更多具有指南性的文件，以保证政策的设施。

除了注重既有政策实效，有两个方面的政策协同应予以更多重视。一是文化金融与其他文化经济政策之间的协同。文化财政政策、文化税收政策、文化贸易政策、文化土地政策等文化经济政策与文化金融服务有紧密的关系，北京的"投贷奖"政策是协同发展的范例。要充分利用好既有政策，在新政策制定时加强协同。二是与其他特色金融政策、产业金融政策之间的协同，积极融入区域金融发展政策体系。科技金融、绿色金融、普惠金融、自贸区金融、数字金融等特色金融在区域金融发展中具有重要地位，中央政府和各地方政府都出台了相应的促进政策。南京在文化金融与科创金融协同、湖北在文化金融与普惠金融协同方面都取得了一定效果，值得进一步推广。应积极协调政策制定部门，在文化科技与科技金融、中小微文化企业、乡村振兴与普惠金融、艺术金融与自贸区金融服务等方面共同制定政策。

法治化是文化金融政策优化的重要路径，也是文化金融制度供给长久持续的重要保障。2019年12月，有关部门发布《中华人民共和国文化产业促进法（草案送审稿）》，其中与文化金融相关的内容占了较大篇幅，以法律形式规定了国家义务、相关主体的权利义务，这将为文化金融和文化产业投融资提供坚实的法律基础。利用即将出台文化产业促进法的机遇，应积极规范、延伸和细化公共政策，出台具有更强约束力的法规性文件，推动文化金融法治化治理。

第二，推进高质量文化金融体系建设。

文化金融体系是由文化金融产品、机构、市场及相关基础设施构成的。已经推出的规划和政策在这些方面都有明确的要求，这是我国文化金融政策多年来演进中必然涉及的方面，也是未来提高文化金融发展质量的最主要方面。例如，中共中央办公厅、国务院办公厅印发的《"十四五"文化发展规划》在"建设高标准文化市场体系"一节中指出，加快推进符合文化产业发展需求和文化企业特点的金融产品与服务创新。

一方面，要推进文化金融"四化"。产品创新和服务创新是文化金融最基本的内容，同时还需要进行组织创新，推出更多的专营机构，需要在文化产权交易所、四板市场完善专门的要素交易市场和股权交易市场。要推动文化金融创新产品专属化、服务专业化、机构专营化、市场专门化，也就是文化金融"四化"。尤其要推动中小微文化企业信贷服务、债券发行、融资租赁服务方面的创新。推动文化金融专营机构创新，能够极大聚焦文化产业服务，起到牵一发而动全身的作用。另一方面，要推动文化产业信用体系和文化资本评估体系建设。这是文化金融体系的两个基础设施，也是这个体系的两大支柱。随着金融科技和数字技术广泛应用，需要在这两个领域有大的突破。

高质量发展文化金融，应更加重视文化金融数字化和金融科技应用，进一步促进文化金融服务体系化变革。要利用文化金融的数字化提升文化金融服务效率，创新服务模式，拓展服务范围，更好促进文化企业生产和文化消费。推动数字化文化金融场景化是文化金融领域金融科技应用的关键。有专家提出金融科技的"场景金融"的概念，正是为了强调基于客户需求和体验的新业务模式构建。要在分解文化金融场景基础上，推动文化信贷服务、保险服务、证券服务、资产管理服务等领域的技术应用。积极鼓励基于大型金融机构的"大金融"服务的共性基础上，结合文化产业特点形成文化金融服务的标准化方案。积极推动数字技术在文化产业供应链金融、文化消费金融、文化贸易金融等领域的应用。

第三，重振文化产业股权融资市场。

有效的资本供给不能仅依靠银行信贷体系。当前文化产业融资，基本依靠银行信贷支撑，这是不正常的。发展文化产业，需要提高文化企业直接融资比例，扩大直接融资规模，调整文化产业融资结构。中共中央办公厅、国务院办公厅印发的《"十四五"文化发展规划》指出，进一步扩大文化企业股权融资和债券融资规模，支持文化企业上市融资和再融资。如何激发社会资本活力，重振文化产业股权融资市场应成为未来文化金融高质量发展工作的重要内容。

应积极利用资本市场新格局，推动更多优质的文化企业上市。注册制的全面实施，将激发企业上市热情，新规则下将诞生更多"明星企业"。同时，由于北京证券交易所的横空出世，资本市场呈现新格局。文化企业如何利用新格局，需要深入研究。文化企业有自身的特殊性，应与相关部门协调，建立文化企业上市的多部门特别议事机制，积极争取文化企业上市政策。一些文化企业虽然有较强的实力，但在资本市场问题上认识不足。应加强文化企业上市培训工作，结合政府部门开展的普及性公益性培训，创新服务专班、一对一挖潜等模式，夯实文化企业上市潜力基数。

第四，推动有效投资与金融服务协同。

政府部门对文化领域有效投资非常关注，这与我国进入新发展阶段的新形势有较大关系。在"双循环"新发展格局等战略下，投资规模增长是大趋势。文化和旅游部印发的《"十四五"文化产业发展规划》中，用较大篇幅对"引导扩大有效投资"进行了明确要求，主要包括投资重点领域和关键环节，发挥政府投资引导带动作用，用好中央及地方各级预算内投资、专项建设基金、地方政府专项债券、政府引导基金等投资工具，积极争取政策性、开发性金融支持等。

在推动有效投资过程中，应真正发挥政府资本的引导和导向作用，积极引导社会资本投资文化产业。鼓励私募投资基金投资文化产业，政府引导基金真正起到引导作用。鼓励社会资本通过PPP等形式参与重大文化项目建设，不仅能给社会资本一个投资渠道，同时也能给社会资本投资文化产业以信心。

政府投资带动社会资本投资，不仅要利用好投资工具和开发性金融、政策性金融，还应与商业金融机构积极协同，以项目为带动引领，吸引更多授信和信贷资源，支持文化项目建设。

第五，完善文化金融综合化公共服务。

中共中央办公厅、国务院办公厅印发的《"十四五"文化发展规划》指出，探索文化金融服务中心模式，为文化企业提供综合性金融服务。十年来，我国各地文化金融服务中心的建设有了一定的经验储备，"十四五"时期要建设更多文化金融服务中心，提供更有效的文化金融公共服务。推动文化金融服务中心模式实现标准化和科学化，将文化金融公共服务与市场化运作相结合，积极开拓服务领域和业务范围。重点推动文化金融公共服务领域的数字化基础设施建设，提供更高质量的投融资服务。另外，国家文化与合作示范区的建设，也为文化金融服务综合化提供了新的创新平台。"十四五"时期，国家文化与金融合作示范区要达到10个，这是新的机制创新平台，应充分利用这个机制平台提供更好的文化金融公共服务。

应发挥行业组织职能，推动其参与文化金融公共服务体系，如推动将文化金融业务流程创新，在行业管理层面实现文化信贷等业务的流程管理标准化、科学化，鼓励文化企业行业组织或设立文化金融相关社会组织进行行业管理相关工作。

第12讲　数字文化产业政策：全球趋向及中国演进

张振鹏[①]

▌导读

　　随着世界范围内数字经济的快速崛起，文化产业进入数字化转型升级的新阶段。本讲通过观察全球数字文化发展潮流，纵览全球数字文化产业发展战略的四大取向，归纳中国数字文化产业政策演进，以期找到数字文化产业发展的全球性规律，为中国数字文化产业政策提供借鉴。

　　数字文化产业是依托数字技术进行文化内容创作、生产、传播、服务的新型文化业态。数字文化产业政策是指推动数字文化产业健康发展的一系列财政扶持、税收优惠、产权保护等规划、法规、措施和政策。数字文化产业是数字经济的重要组成部分，全球数字经济发展动向深刻影响着数字文化产业政策趋向。

---

　　①　本讲内容改编自以下文献：张振鹏在《新经济》上发表的论文《数字文化产业的发展潮流与政策取向——基于美国、英国、日本和阿联酋的实践》；张振鹏在《东南学术》上发表的论文《数字经济的典型发展模式、全球动向及中国探索》。
　　②　张振鹏，深圳大学文化产业研究院教授，博士生导师。

一、全球数字经济发展动向

数字经济发展速度之快、辐射范围之广、影响程度之深前所未有，正推动生产方式、生活方式和治理方式深刻变革，成为重组全球要素资源、重塑全球经济结构、改变全球竞争格局的关键力量。近年来，世界各国陆续出台相关政策，引导并支持数字经济向高端化、优质化、多元化、普及化的方向发展。

第一，科技创新高端化。

随着经济增长方式的变革，越来越多的国家将科技创新作为提升国家竞争力的关键因素。以美国、英国为代表的国家将科技创新置于经济社会发展的核心地位，并持续筑牢各领域科技创新底座，不断营造科技创新生态，推进高端技术的研发。美国通过《2021美国创新和竞争法案》，针对可能对国际科技竞争格局产生重大影响的人工智能与机器学习、高性能计算、量子计算和信息系统、网络安全等关键技术领域投入1000亿美元聚焦技术研发。英国先后发布了《产业战略：人工智能领域行动》《国家计量战略实施计划》等行动计划，并向包括虚拟技术在内的沉浸式新技术研发投入3300万英镑，向数字安全软件开发和商业示范投入7000万英镑，向下一代人工智能服务等投入2000万英镑的研发经费。

第二，数字基础设施优质化。

为助力数字经济发展，许多国家加快了数字基础设施建设。德国、美国等经济体加快5G、光纤、工业互联网等普及进度，推动信息基础设施持续升级。据《科创板日报》报道，2020年，德国的5G技术人口覆盖率达到50%，并提出在2022年5G技术的人口覆盖率达到2/3的目标。德国发布的《国家工业战略2030》指出，机器与互联网相互连接构成的"工业4.0"是极其重要的突破性技术，工业生产中应用互联网技术逐渐成为标配，以实现制造、供应、销售的数据化、智慧化。美国以推进先进制造为目标，拜登竞选演讲中宣布的基建投资计划中对新兴技术领域的支持超过一半，主要涉及先进制造业、新能源、新技术、产业基础设施配套等。

第三，数字经济产业链多元化。

受新冠疫情冲击，全球产业链调整的主要目标在于提高产业链关键环节的国产化、自主化水平，提高自有核心竞争力。2021年2月，美国总统拜登签署《美国的供应链行政令》（第14017号行政令），对美国制造商依赖进口的多个行业进行审查，对半导体、高性能电池等核心产品开展产业链评估。2021年6月，美国通过《2021年美国创新与竞争法案》，明确设立半导体生产激励基金、国防基金以及国际技术安全与创新基金，2022—2026年每年为该基金拨款1亿美元。

第四，中小企业转型普及化。

中小企业运用数字技术革新生产方式、管理理念，是释放经济潜力的关键。德国高度重视中小企业数字化转型，持续颁布扶持政策、加大支撑力度。2014—2020年，德国先后制定了"中小企业数字化转型的行动规划"、启动中小企业4.0能力中心建设计划、颁布《未来中小企业行动方案》、实施"中小型企业数字化改造计划"等一系列举措，重点对中小企业实施资金扶持、业务指导，推动中小企业数字化业务流程转型升级。在"中小企业4.0数字化生产及工作流程"项目的资助下，德国依托高校院所在全国各地建立了22个中小企业4.0能力中心，为中小企业解决智能化升级中的各类难题。

二、全球数字文化产业政策趋向

21世纪的第二个十年中期，据联合国教科文组织的研究报告，全球文化创意产业达到2.25万亿美元的市场规模，吸收就业人数达到2950万，成为推动经济增长、促进文化多样性、造福人类社会的重要潮流。随着世界范围内数字经济的快速崛起，文化产业进入数字化转型升级的新阶段。

第一，世界性的数字文化发展潮流。

虽然2020年以来的新冠疫情猛烈地冲击了以人际交流和现场互动为主的文化产业门类，包括会展、文博、演艺、电影放映等，但是数字文化新业态却快速崛起。根据2022年世界唱片协会颁布的全球音乐报告，近年来，以音乐生产的数字化、音乐传播的网络化、音乐消费的场景化、音乐加工的智能化为特点的数字音乐，成为国际音乐产业贸易的强劲引擎。在2021年全球录制音乐的市场营销收入中，实体音乐制品（唱片、光盘等）仅占19.2%，整体上的流媒体音乐占比高达65.0%，下载及其他形式的数字音乐占4.3%。

数字经济与文化产业的深度融合，催生了大批数字文化产业新业态，包括数字出版、数字音乐、游戏电竞、MCN（多频道网络传播）、沉浸式体验等。它们以在线、智能、交互、跨界为四大特征，推动了要素重构、场景再造、流量升级、价值创新和普惠民生。其重点在于：以数字数据作为核心要素，依托"数据+计算力"提升文化生产力水平；采用创新平台，扩大流量规模；以文化赋能新场景建设，推动在线、在地、在场三种文化生产方式的有机整合。针对这一大趋势，联合国教科文组织、联合国贸发会议等国际组织和主要国家，纷纷针对数字文化产业研究、颁布和实施了一系列重要政策。

在中国国家政策的引导下，"数字＋文化"同样大势所趋。与发达国家相比，中国提出数字化背景下的文化产业政策起步较晚，但因层次多、进展快、覆盖广，已逐步建立了具有中国特色的数字文化产业政策体系。

从2016年国务院在《"十三五"国家战略性新兴产业发展规划》首次提出发展"数字创意产业"，到2022年1月，中共中央办公厅、国务院办公厅颁布《关于推进实施国家文化数字化战略的意见》，提出加快文化产业数字化布局，在文化数据采集、加工、交易、分发、呈现等领域，培育一批新型文化企业。北京、上海、广东、江苏、浙江等省市也因地制宜，纷纷出台促进数字出版、数字游戏、数字广告、数字文化贸易等方面的政策和实施细则。可见发展数字文化产业已经成为国家的大政方针，也成为各地增强文化软实力、推动文化政策创新的重点领域。

第二，构建数字创意与投资驱动相互赋能的创新生态。

美国是全世界发展数字经济最早、增长速度最快、产业规模最大的国家。根据中国信息通信研究院颁布的《全球数字经济白皮书（2022年）》，2021年，全球47个主要国家数字经济增加值规模达到38.1万亿美元，其中，美国数字经济蝉联世界第一，规模达到15.3万亿美元，中国位居第二，规模为7.1万亿美元。

美国数字经济的高速增长，与美国的数字化战略密切相关。作为高度重视国家战略与政策作用的国家，美国所制定的政策具有独特的理念和机制。1967年联合国教科文组织召开了"二十四国文化圆桌会议",首次给文化政策提出了一个"最低限度的定义"（minimum definition），即"文化政策应该是指一个社会为了迎合某些文化需求，通过该时期可以取得的物质资源和人力资源的最优化调动，而制定的有意义的、特定的措施，以及干预的或不干预的行动的总和"。

在面对数字化浪潮时，美国在制定政策方面做出了最敏锐、最密集和最持续的反应并提供支持，以此形成了战略性的先发优势。在技术领域，率先出台了《21世纪信息技术计划》等；在国防领域，密集出台了《国防部数字工程战略》等；在政务领域，连续出台了《数字政府战略》等；在产业领域，积极推动《美国全球数字经济大战略》等。这些政策形成了五个鲜明的特点：以前瞻性和敏锐性作为美国制定数字化政策的基本立足点，强调技术领先、鼓励创新是美国推动数字化政策的优先位置，打造数字基础设施，促进万物互联、社会共享和数字治理是美国数字化政策的有效实施，加快国际数字贸易及自贸区建设是美国数字化政策的一贯原则。

在美国数字战略的框架下，硅谷成为数字文化产业包括新型企业、新型业态、新型模式最为集中的诞生之地。数字文化产业新业态的成长并非无本之木，需要一个鼓励创新的产业生态系统。而创新即"生产要素的重新组合"，包括五大关键要素即产品、技术、市场、资源配置和组织的重组。20世纪90年代，美国学者亨利·埃茨科威兹（Henry Etzkowitz）和罗伊特·雷德斯多夫（Loet Leydesdorff）提出了"三螺旋理论"，认为大学、产业、政府的互动催生了创新，而硅谷则在实践中开创了大学—产业—政府—资本"四轮驱动"创新模式。硅谷集中了斯坦福大学等名校，汇聚了一批美国的国家级实验室，集聚了黑石集团、红杉资本、德韦杰、凯鹏华盈等80多家全球知名的风险投资公司。硅谷人均获得的风投额度为3945美元，远超美国其他地方的人均43美元。"四轮驱动"的创新生态催生了皮克斯、谷歌、脸书、奈飞、YouTube等世界领先的数字创意企业，如元宇宙的领军企业脸书（后改名为Meta）在初创时期就获得了著名投资人彼得·蒂尔50万美元的投资和吉姆·布雷尔100万美元的投资，为它后来的快速成长打下重要基础；而率先开辟三维数字动画的皮克斯（Pixar），突出了"技术＋艺术＝魔术"和"培养集体创造力"的文化理念。皮克斯先后创作了《海底总动员》《飞屋环游记》《玩具总动员》系列等开创性的佳作，推动其市值持续升高，在2006年以74亿美元被迪士尼并购，成为数字创意与投资驱动相互赋能的经典案例。

硅谷的一系列精彩案例启发人们：数字文化产业新业态在"最先一公里"的初创时期，有巨大的不确定性，也是它们最容易夭折的阶段。而推动创意、技术、市场、资源配置和组织的密集型组合，有助于让它们在反复的试错中发现最佳的创新配比方式，从而提高创新的成功率，如多频度网络传播（multi-channel network，MCN），作为为视频内容的开发者提供多样化的中介服务，实现快速反馈与供需对接的文化经济新业态，就是2006年在硅谷孕育的。它以"下一代网络"（Next Generation Networks）的原创视频分发中介机构为雏形，大大提高了投入产出效益。而视频平台YouTube通过动态监测全网的数据，发现凡是获得广告主青睐的新创视频，背后都有MCN机构在运作，包括指导内容编排、协调团队、管理版权、销售服务等。鉴于此，YouTube在2009年积极扶持MCN机构的发展，并且在2011年收购了"下一代网络"，通过实施"YouTube Next"计划促进MCN新业态获得规模化发展。

第三，在数字科技与创意内容之间保持良好的互动。

英国是第一次工业革命的发源地，也是全世界最早把创意产业列为国家战略的国家之一。英国虽率先享受到工业文明进步带来的优势，也敏锐地感受到传统工业必须深刻转型的压力和未来数字经济的大潮冲击。有鉴于此，英国政府先后出台了多项政策，以数字经济为先导，开启"数字英国"转型之路。

2015年初，英国政府出台了《数字经济战略（2015—2018）》。2017年3月，英国文化、媒体和体育部发布《数字战略》，该部门也正式改名为：数字化、文化、媒体和体育部，体现了英国政府对数字革命的巨大期待和实施决心。2022年6月，面对疫情的冲击，数字化、文化、媒体和体育部颁布最新版的《英国数字战略》（UK Digital Strategy），将"创意与知识产权（IP）"列为六大关键领域之一，突出对数字科技与创意内容的深度结合的重视。

伦敦是英国推动创意产业和数字科技发展的核心城市。根据英国国家科学与艺术基金会的研究，英国的47个创意产业集群（Creative cluster）包括三种类型：高成长性集群、高集聚性集群和两者兼具性集群。其中，3个在格拉斯哥等北部城市，10个在爱丁堡等中部城市，其余34个创意产业集群则都聚集在伦敦等南部城市。

伦敦把沉浸式体验作为创意研发的重点领域，是世界范围内研发沉浸式体验的主要基地之一。根据伦敦创新署的一份研究报告：2016—2021年间伦敦沉浸式科技公司吸引的风险投资高达10亿美元，为欧洲之最；伦敦的VR和AR使用量占全英的比重为33%；伦敦拥有215家沉浸式科技公司，占全英总数的48%，国际数字科技巨头如谷歌、Snap Inc.和Meta正在伦敦打造沉浸式科技项目。而阿迪达斯、三星和欧莱雅等全球品牌也来到伦敦，与Pebbles Studio等从事虚拟现实、AR体验和3D动画的顶级工作室合作。其中，Meta在伦敦设立的4000多人的开发机构是它在美国以外最大的工程基地。伦敦的经验证明：发展高成长性和高集聚性的文化创意产业新业态，需要在数字科技与创意内容之间保持良好的互动。这不但是两类机构的协作，即以科技研发激励内容的创意，以新颖内容引领技术迭代，更是两种文化的交融，因为数字科技的发展需要遵循规律、反复试错、严谨论证，而内容创意需要发挥灵感、自由联想、天马行空。这就需要在产业政策、企业管理和人才培育方面，把技术开发与人文精神相结合，保持"一半是火焰，一半是海水"的兼容度和弹性张力，才能激发出跨界合作的巨大创造力。

除了在数字化领域对沉浸式体验的深耕之外，作为戏剧之城的伦敦，也研究开发线下的沉浸式体验产品，如波浪般地接力向国际市场推广。以沉浸式体验演出《不眠之夜》（Sleep No More）为例，它是英国庞奇德雷克剧团首创的沉浸式戏剧之代表作，2003年首演于英国伦敦，2016年经过再度创作后推出上海版，开创了连续演出超过1400场、观演人次逾44万，平均上座率高达95%的驻演新纪录。它创造性地融入了装置艺术、环境戏剧、行为艺术等先锋艺术的特点，利用一个特定的地点改装成开放型的场景。它让每一个观众可以自行选择想去的地方和想看的场景而获得与众不同的体验，从视觉、听觉、触觉甚至运动感等多方位地体验戏剧的奇妙魅力，从而显示了沉浸式创意IP所具有的强大生命力和影响力。

第四，为数字文化产业培育丰厚的智慧社会"底座"。

日本把发展泛在互联的超智能社会作为21世纪中叶的战略目标，

将"实现科学技术立国"定位为日本增长战略的第一支柱。2016年开始，日本提出建设"社会5.0"（Society 5.0）并且逐步加以完善。它是继狩猎社会（1.0）、农业社会（2.0）、工业社会（3.0）和信息社会（4.0）之后形成的"超智能社会"（5.0）。其核心是最大限度地开发和应用信息和通信（Information and Communications Technology，ICT）技术，使得网络空间与物理空间高度融合，给人类带来更富裕、更自由的"超智能社会"。依托ICT向必要的人提供必要的物品和服务，"超智能社会"将细致地应对社会的各种需求，让所有的人都能在互联互通中高品质地生活。

在此背景下，作为日本经济、科技和文化的中心，东京在2020年颁布了《"智慧东京"实施战略》，包括了"互联东京""城市数字化""都厅数字化"三大任务，并出台了一系列促进政策，以此鼓励科学家、工程师、艺术家和媒体工作者等进行跨学科、跨领域的合作，探索智能化、数字化的新产品和新业态，并把它们及时推向国际市场。比如当地的专业团队率先研发出用于可穿戴显示器和智能眼镜的新型RGB扫描投影仪/独特的隔音蓝牙麦克风mutalk等，大大提高了人们在娱乐、展览、教学领域的虚拟现实和增强现实体验感。另一个案例是具有风向标意义的沉浸式数字艺术互动体验teamLab。它由数字艺术团队teamLab的创始人猪子寿之（Toshiyuki Inoko）领衔，集聚了400多位各领域的专业人士共同打造。teamLab体现了"数字技术将人类的表达与体验从物质中解放出来"的新理念，形成光影交织、极具科幻感和视听冲击力的沉浸式数字展览场馆，显示了科技与艺术的完美融合，被世界权威设计网站《designboom》连续两年评为"全球十大必看展览"。

"智慧东京"实施以来的成果证明：一个国际化大都市培育智慧城市生态体系，以此普惠城市社会，将大大提升广大市民在全时段、全领域、全感觉地享受数字文化产业新业态的消费便利。这种丰厚的城市消费"底座"，又激励了更多各领域的专业人士投身数字文化产业，创造新的生活美学，开发前所未有的新场景，从而成为城市文化的新地标。诚如世界多媒体协会联盟主席哈威·费舍所说："数字技术是发展文化和精神的强大力量……计算机语言引领了一种新的美学。网络世界构成了一种充满活力、适于沟通的新的文化时空，并使其成为风俗。"

三、中国数字文化产业政策演进

数字文化产业发展的重点是为传统文化产业数字化赋能，在制定数字文化产业政策时，需要考虑文化产业发展实践的契合性。因此，中国数字文化产业政策发展阶段可以概括为四个阶段，每个阶段都有对应的产业实践进程和关键政策节点。

第一，政策框架形成的基础阶段（1994—2002 年）。

该阶段中国数字文化产业政策框架和政策体系形成了初步的基础。1994 年中国接入互联网，文化产业数字化赋能开始起步；2000 年，十五届五中全会明确信息化建设的重要性和紧迫性，为中国各领域信息化的高速发展奠定了基础。为了引导数字文化产业的发展，党中央和国家政府部门加大政策扶持力度。其中，《互联网出版管理暂行规定》的发布，为数字文化产业的规范化和标准化发展奠定了基础，同时也为数字文化产业在政策上的支持提供保障。这些措施积蓄了数字文化产业发展的政策动能。

这一阶段，由于文化内容活化利用不充分以及产业技术自身的局限性，政策的关注重点主要放在信息化及基础设施建设与维护发展环境上。数字文化产业萌芽期，面临着管理真空的问题，即相关管理政策和法规尚未完善和落实到位，导致一些企业和机构存在灰色地带。此外，数字文化产业的参与主体较为弱小，往往由于缺乏足够的资金、技术和人才等资源而难以维系持续发展。同时，产业准入门槛和产品标准等也较为模糊，导致市场规范处于空白状态，存在一定的乱象和风险。在这一阶段，我国政府意识到数字文化产业的重要性，通过行政手段来规范和约束其发展，包括制定一系列规章制度，设定了必要的许可条件和监督检查机制，以确保数字文化产业的合规运营。同时，政府还加强了数字化图书馆、数字博物馆等信息基础设施建设，缓解了数字文化产业发展的瓶颈问题，为数字文化产业发展打下坚实的基础。此外，政府通过制定约束性政策，加强对数字文化产业的监管，致力于遏制乱象和风险的产生，促进数字文化产业健康、有序、稳定发展。

第二，政策为产业赋能阶段（2003—2009年）。

在数字文化产业初期，政府部门的主要关注点是做好企业服务，对骨干企业进行扶持。2003年，《文化产业振兴纲要》从产业融合发展的角度对互联网加持文化产业革新提出了新的要求和发展战略。《计算机信息网络国际联网管理暂行规定》主张重服务、轻管制，突出互联网发展中市场活力的重要性。在此期间的政策内容多倾向于积极扶持，通过优化发展体系、规范产业发展、提高对不合规产业的管制以实现数字文化产业持续的产品服务供给和产业发展体系的成熟完善。

在此阶段，"以扶代管"的政策取向发挥了加速产业变革的巨大作用，新型业态和优质生产企业开始涌现，数字文化产业借助政策体系建设实现快速发展。《信息网络传播权保护条例》（2006）规定网络化的内容生产和传播必须以不损害社会利益和不违反版权规定为前提。2009年，为了应对经济下行的压力，恢复社会经济体系发展活力，《文化产业振兴规划》为当时中国的数字产业市场发展指明方向，强调文化多样性的价值和文化自信的重要性。数字文化产业政策体系不断完善，政策内容开始表现出协调行业发展、产业扶持及内容创作的综合特性。政府在制定数字文化产业政策时，既注重行业规范管理，支持和扶持数字文化产业发展，又注重发挥市场经济的优势，通过长期计划制订、人才结构调整、发挥政府管控职能协调和推动数字文化产业的发展。网络文化产品的创作不断活跃，网络文化产品开发取得长足进步，中国数字文化产业的整体实力得到明显提升。

　　第三，政策激励叠加阶段（2010—2016年）。

　　移动互联网的发展催生更多创新性政策出台，健全的行业规范约束也为推动数字文化产业快速发展打下了坚实基础。《"十二五"文化科技发展规划》（2012）提出继续加强基础环境优化，并推动文化相关单位、科研院所和高校专业人才共同打造高质量文化与科技研发基地。政策加强对数字文化相关的骨干企业的扶持，鼓励企业做大做强的同时也加大对小微企业的支持力度，《关于大力支持小微文化企业发展的实施意见》（2014）首次发文强调小微文化企业发展的重要价值，开展企业发展工作部署，明确企业发展目标和任务。2016年国务院发布《"十三五"国家战略性新兴产业发展规划》，将数字创意产业与信息技术、生物、高端制造、绿色低碳产业并列为五大支柱战略性新兴产业。这一阶段出现明显的创新驱动政策特征，政策内容更加注重创新能力的培养和提升，鼓励科技成果转化，积极推进产业结构调整，同时引导和支持企业研发投入，加大企业高素质人才的培养和引进，建设创新创业平台和创新创业生态。数字网络技术在文化领域生长发育，各文化主体也在积极、主动地谋划数字化转型和数字文化产业发展。

强化激励措施，以创新驱动助推产业发展成为这一时期政策发展新趋势。《国家文化科技创新工作纲要》（2012）优化和升级传统文化产业，使得传统文化更好地与现代数字技术相结合，推动文化创新，促进文化产业的转型升级。《关于金融支持文化产业振兴和发展繁荣的指导意见》（2010）要求政府为数字文化产业提供专项金融服务，包括贷款、融资租赁、股权投资、保险等服务，并设立文化产业专项基金，为数字文化产业提供风险投资和股权投资。《关于推动特色文化产业发展的指导意见》（2014）强调对各地特色产业加大培育力度，开发具有代表性的和特色的数字文化产业和产品，同时加强地域之间的文化交流合作，以链条式发展推动本地特色文化产业立足。

第四，政策体系不断完善阶段（2017年至今）。

数字文化产业政策发展的转折点在2017年，从这一年起政策的核心开始逐步从宏观规划发展目标向着提升行业发展质量转变，政策体系也在不断发展变化中得以完善。2017年党的十九大提出要建设数字中国，发展数字经济，引导产业升级，推动数字文化产业向智能化、高端化、绿色化升级，推动数字文化企业实现从简单制作加工型向服务型、创新型、知识型转变。同时数字经济和共享经济离不开高速网络、云计算、大数据、人工智能等现代信息技术的支撑，因此加强数字基础设施的建设，提高网络速度和质量，才能为数字经济和共享经济提供稳定可靠的技术支持共享经济。《关于推动数字文化产业创新发展的指导意见》（2017）对数字文化产业的概念和范畴进行具体的定义，并提出数字文化产业发展应当以满足社会文化需求为目标，主张加大对数字娱乐、数字出版、数字传媒及数字公共服务的政策保障力度。网络生态的领域不断扩大及内容持续更新，引发人们对于数字内容需求不断增长，也带动了数字内容产业的发展，2020年11月《关于推动数字文化产业高质量发展的意见》也提出网络基础设计建设对于数字文化产业全链条发展的支撑作用。2023年2月，《数字中国建设整体布局规划》提出，到2025年，基本形成横向打通、纵向贯通、协调有力的一体化推进格局，数字中国建设取得重要进展。3月，中国重组科学技术部，并成立国家数据局，统筹推进数字中国、数字经济、数字社会规划和建设，缓解"数据分割"和数据垄断问题，实现数字中国建设"一盘棋"。

该阶段的政策发展以构建全产业链、实现数字文化产业高质量发展为主题。文化和旅游部发布的《"十四五"文化产业发展规划》（2021）中不再提及"推动文化产业成为支柱性产业"的目标，而是转变发展理念，针对数字文化产业如何提升质量、助推国民经济和促进社会发展等内容进行规定部署，这也是中国数字文化产业从求大求快向着高质量发展的标志。这个时期的数字文化产业政策更加注重双效统一，追求商业价值实现和人文价值弘扬。数字文化产品和服务的市场价值，是数字文化产业的经济基础。政策强调数字文化企业需要不断提高产品和服务的商业价值，以满足消费者的需求，实现经济效益。同时政策也鼓励支持弘扬数字文化产品和服务所传递的文化内涵、艺术价值和社会意义等。数字文化产品和服务的人文价值是数字文化产业的社会基础，体现了数字文化产业对社会的贡献，因此政策也加大了对传承和创新文化以及提高数字文化产品和服务的人文价值方面的支持力度。成熟期的数字文化产业政策采取了一系列措施来解决数字文化产业发展中的问题。这些措施包括划定政策重点、建立产业标准、减轻企业税负、促进企业间的合作等。这些措施针对数字文化产业发展中的具体问题进行了有针对性的解决，与之前政策的宏观、笼统的特点相比，更加具体、精准，使得数字文化产业政策的效果得到充分缓解。

数字文化产业政策是数字文化产业持续发展的重要支撑，是实现产业社会效益和经济效益并进的制度保障。党的十八大以来，以习近平同志为核心的党中央高度重视数字文化产业发展，构建了既有顶层设计又有具体举措的政策体系，表明中国数字文化产业发展正在进入高质量发展阶段。